サービスの価値を高めて豊かになる

豊かさを実現する６つの価値

諏訪良武　著

目　次

CONTENTS

Ⅳ サービスの価値は「サービスの成果による価値」と「サービスプロセスを磨くことによる価値」から作られる

Ⅵ サービスの価値は「お客様のリテラシーを高めることによる価値」と「サービス提供者自身がリテラシーを高めることによる価値」から作られる 105

はじめに

ある初夏の夕暮れ、行きつけのレストランに入るとマスターがビールジョッキを持つしぐさで、「諏訪さん、今日は生ビールでしょう」と薦めてくれました。汗をにじませて来店した私を見て、その瞬間の気分を言い当てた見事な「おもてなしサービス」でした。いつもは、最初から赤ワインなのですが、久しぶりの生ビールのうまさもあり、私は素直に感動しました。これこそがサービスの本質なのです。

これまで、多くの日本のサービスは「顧客満足の向上」と「コストダウンによる生産性向上」に力を注いできました。例えば、コールセンターや介護などのサービスに従事しているスタッフは、高い顧客満足を目指しながら、膨大な業務量をこなしてきました。その結果、顧客満足は向上し、業務の生産性も高まっています。しかし、サービススタッフの待遇の改善は遅々として進んでいません。グローバルな競争を考えると、生産性向上はもちろん大切ですが、これからは「サービスの価値を高める」ことにもっと注力し、社会にとってかけがえのないサービスに従事している人たちに、豊かになってもらわなければなりません。

本書では、サービスの本質を解説した後、「サービスの価値」を決めている6つの要素を具体化し、それぞれの価値を高める具体的な方法論に言及します。次がその6つの要素です。

①サービスの成果による価値
②サービスプロセスを磨くことによる価値
③共通的な事前期待に応えることによる価値
④個別的な事前期待に応えることによる価値
⑤お客様のリテラシーを高めることによる価値
⑥サービス提供者がリテラシーを高めることによる価値

サービスビジネスを成功させるためには、顧客満足を高める必要があります。これまで、ほとんどのサービス事業者は、この顧客満足の向上に取り組んできました。しかし、「顧客満足の向上を頑張れば、必ずサービスビジネスが成功する」という実感はありません。高い顧客満足はサービスビジネスの安定継続には大いに貢献してくれますが、収益向上にはダイレクトには貢献してくれないのです。

実は、サービスビジネスを成功させるには、利益を生みだすビジネスモデルの創造が必須なのです。サービスビジネスに従事するリーダーやマネージャーは、ビジネスモデルに関心を持ち、ビジネスモデルの改善や創造に参加しなければ、サービスビジネスに貢献することができません。つまり、ビジネスモデルが理解できないと、仕事のやりがいや達成感を得られない時代になってきているのです。ビジネスモデルについては多くの書籍が出版されており、議論が深まりつつあります。これらに筆者がサービスビジネスで実践してきた経験を加えて、分かりやすくビジネスモデルの作り方を紹介したいと思います。

仮に、顧客満足を向上させ、サービスの価値を高めることもでき、利益を生みだすビジネスモデルも描け、現マーケットで競争に勝ったとしましょう。しかし、この状況に満足して守りに入ってしまうと、競争相手にすぐに追いつかれ、抜かれてしまいます。このようにならないためには次のことを実践し、サービスビジネスを継続的にブラッシュアップしなければなりません。

①サービスの本質を理解する
②サービスの価値を高めていく
③利益を出せるビジネスモデルを描く
④イノベーションを継続する

これらは無理難題の努力のように聞こえるかもしれませんが、それぞれの論理と、具体的な方法が分かれば、恐れることはありません。本書は、第1章と第2章で「サービスの本質」を解説します。第3章から第7章で「サービスの価値の高め方」について解説します。現場でサービスを提供されている方は、ここまで読み進めていただければ、サービスに関する新しい知見が得られると思います。

リーダーやマネージャーの方は、第8章と第9章で「実践的なビジネスモデルの作り方」と「イノベーションで勝ち続ける方法」を身に付けてください。第9章の最後に「11種類の業務のムダ」と「101個のイノベーションのネタ」が解説してあります。〝業務改善のヒント集〟として、ぜひ活用してください。

I

サービスの本質を理解して
サービスの競争に勝つ

1 納得できる「サービスの定義」から サービスの本質を理解する

皆さんは、「サービスとは何か」を考えたことがありますか。「食後のコーヒーはサービスです」というように、「おまけ」の意味合いで使われることもあります。これでは、正確に理解しにくいので、「サービス」という言葉をしっかりと定義する必要があります。

筆者の考えた定義は、『人や構造物が発揮する機能で、お客様の事前期待に適合するものを「サービス」という』です。お客様はサービスを受ける前に「こういうサービスであってほしい」という期待を持っています。これを「事前期待」と呼びます。**図1・1**の定義は、多くの方に論文などで参照されています。この定義の中で、とくに重要なポイントは3つあります。

①まず、サービスの本質は、機能の発揮だということです。多くの研究者が「サービス」を定義していますが、この点は共通しています。

②次に、サービスは人だけでなく構造物も提供するということです。例えば、コインランドリーには人はいませんが、明らかにサービス業です。また、多くのサービスは、タクシーのように人であるドライバーと構造物である自動車がいっしょに提供してくれます。

③最後は「事前期待に適合するものをサービスという」の部分です。ここがもっとも重要なポイン

トになります。裏を返せば、事前期待に適合しないものはサービスとは呼ばないということです。それは「余計なお世話」や「迷惑行為」「無意味行為」と呼ばれてしまうのです。

言い換えれば、事前期待を把握しないとサービスは提供できないということです。事前期待を把握せずに顧客満足を得ているのは、論理的には「まぐれ当たり」しているだけです。「まぐれ当たり」に頼っているのでは不安定であり、もしかすると余計なコストを使いすぎているかもしれません。

どうですか、ここまでのことが分かっているかどうかで、サービスを改善する努力の仕方が大きく異なると思いませんか。サービス業の経営者とサービスについて議論すると「顧客中心」とか「カスタマーファースト」とよく言われます。しかし、実際に提供しているサービスを見ると「自分中心」や「自社中心」になっているため、お客様に高い評価をいただけるサービスにはなっていません。これは、経営者がサービスの本質をしっかりと理解できていないからだと思います。

図1・1　サービスの定義

人や構造物が発揮する機能で、
お客様の事前期待に適合するものを「サービス」という

注記
・人はサービススタッフやサービス組織を意味する
・構造物とは製品（自動車）、設備（コインランドリー）、システム、仕組みを意味する
・お客様が期待していない機能の発揮は、迷惑行為や無意味行為とみなされる

2 顧客満足の本質を論理的に理解して、着実に顧客満足を高める

図1・2を使って顧客満足を論理的に説明します。お客様は商品やサービスを利用する際に、何らかの期待を持っています。これを「事前期待」と呼びます。事前期待に対して使用後の「実績評価」の方が大きいと、お客様は満足して、リピートしていただけます。具体的には、出張先でたまたま利用した格安ホテルが清潔で、対応が柔軟で、料理は地元の素材にこだわっていて予想以上の美味しさだったとき、「よいホテルを発見した」「また来よう」「同僚にもすすめよう」と思うでしょう。この場合、ホテルを利用する前の事前期待が小さかったのに対し、利用してみたら予想以上のサービスで、実績評価が事前期待を大きく上回ったため、大きな満足を感じたということです。この「事前期待を越える実績評価」を繰り返し、満足感を提供し続けると「リピート顧客化」していきます。

反対に、事前期待が大きかったのに実績評価が低いと「なんだ、もう使うまい」と失望させてお客様を失うことになってしまいます。事前期待と実績評価がほぼイコールの場合は「印象が薄い」結果になってしまい、競争相手がいない間は使ってもらえますが、有力な競争相手が近くに現れたら、お客様はそちらへ流れてしまいます。

この顧客満足の定義のポイントは2つあります。

ひとつは、顧客満足は事前期待と実績評価の相対関係で決まるということです。顧客満足には絶対値が存在しません。このことからサービスの広報宣伝は、非常に難しいということができます。大風呂敷を広げれば、注目はしてもらえますが、お客様の事前期待が膨らんでしまい、サービスの評価が厳しいものになってしまいます。反対に控えめすぎる宣伝だと、お客様に注目していただけません。

そしてもうひとつは、注目す

図1・2　顧客満足の定義

べきなのは実績評価ではなく、お客様の事前期待を把握することなのです。ところが、サービス業のほとんどの経営者やマネージャーは「どうすればお客様に喜んでいただけるか」にしか目が向いていません。満たすべき事前期待は何かという顧客満足の目標値をしっかりとつかんだ上で、どういうサービスを提供すべきかを考えることが大切です。

また興味深いのは、同じレベルのサービスであっても「事前期待」が大きすぎると不満足になってしまい、事前期待が適度に抑えられていれば満足になるという点です。

初めてホテルを利用したときには事前期待が小さかったので、意外によいサービスという実績評価で大満足だったとします。その後「あんなに安くて快適なホテルは他にない」と自慢して、友人もそのホテルを利用したとします。後で感想を聞くと、その友人はどうもしっくりきていない様子だったりします。それは、その友人は事前に「コストパフォーマンスが最高のホテル」という評価を聞かされ事前期待が大きくなってしまったために、いつもなら満足と思うところが「こんなもんか」と満足を感じなかったからなのです。

では、事前期待は、何から作られるのでしょうか。

事前期待は、**図1・3**のようにお客様のニーズそのものであったり、お客様が抱えておられる問題点から生まれたり、競合企業のサービスを受けた経験から作られます。競合企業とのサービスのレベルは比較しやすいので、競争上では要注意です。しかし本質的には、お客様はいろいろな企業から受けたサービスと今回のサービスを比較するものです。したがって、サービス企業の社員は世の中のサービス企業が提供しているすべてのサービスに関心を持たなければなりません。サービスに関するアンテナの感度を高める必要があるのです。

図1・3の満たすべき事前期待が顧客満足向上の目標値になります。これが分かっていないということは、目標を立てずに顧客満足の向上活動をやっているということになります。売上目標を立てずに、高い売上実績を目指しているのと同じであり、成果を出すのは難しいでしょう。

図1・3　事前期待は何から作られるのか

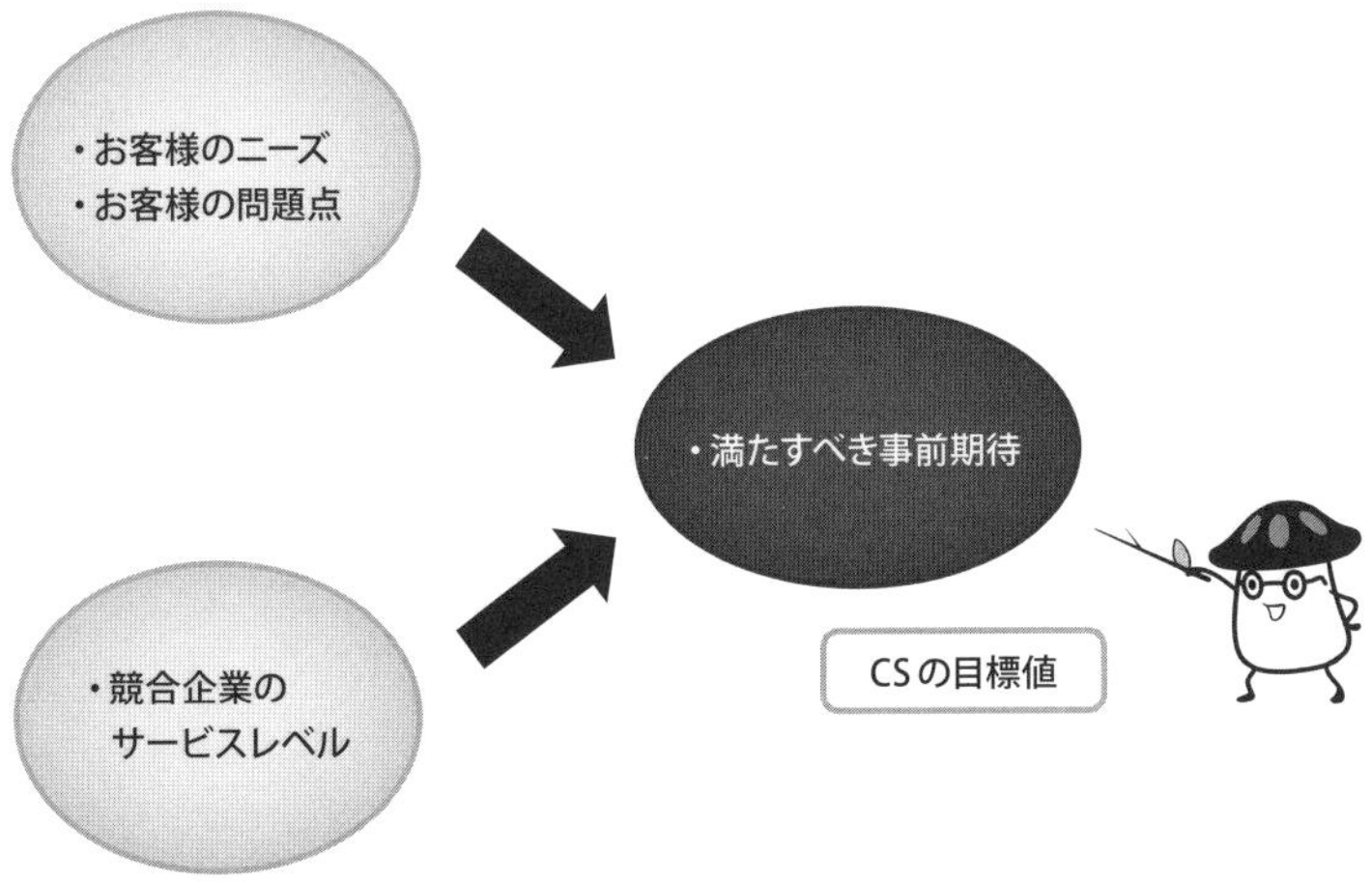

図1・4　事前期待は肥満細胞のように膨らんでいく

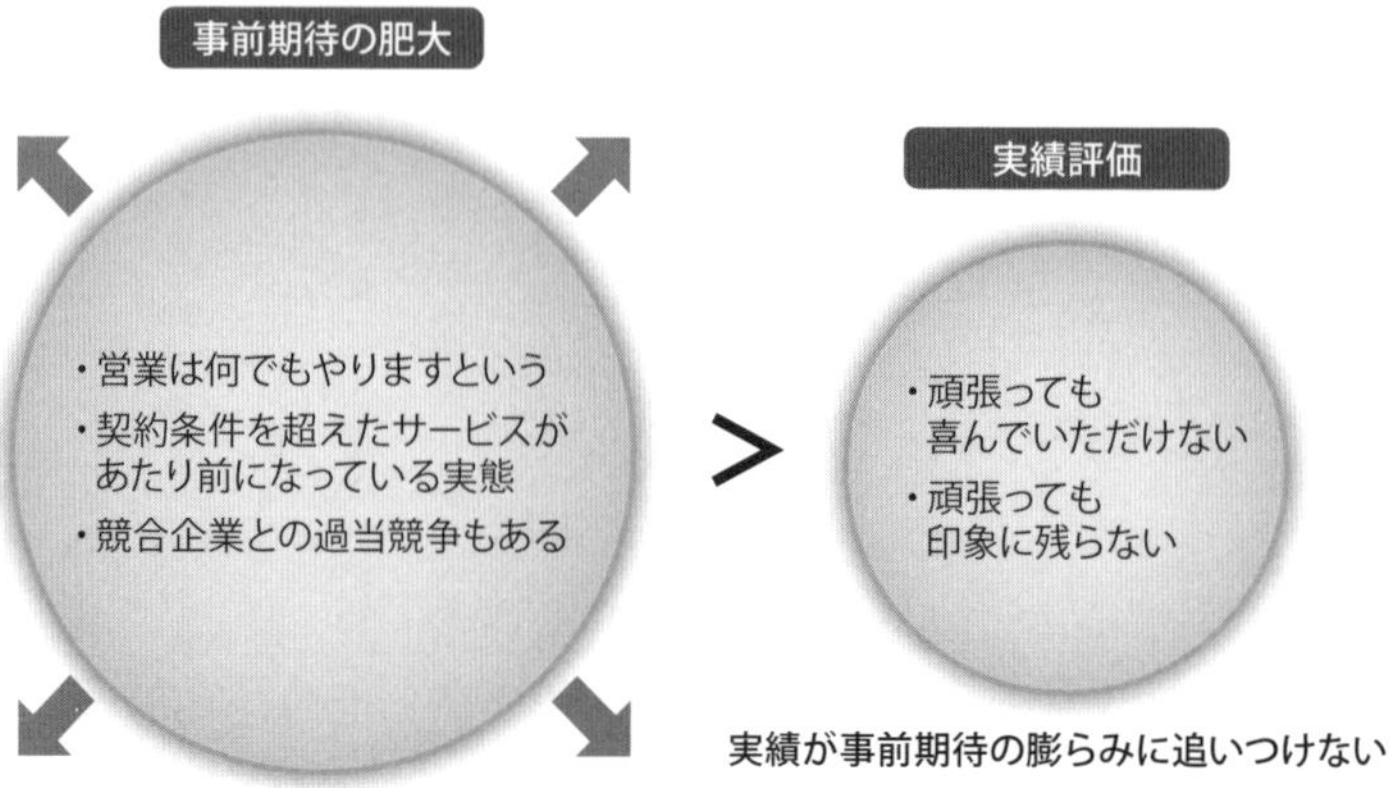

事前期待は困った性格を持っており、**図1・4**のように放っておくとどんどん膨らんでいきます。営業担当者にはお客様の事前期待を膨らませる名人が多く、「何でもやります」「何でもやらせます」のように大風呂敷を広げます。また、競争が厳しいマーケットでは、契約条件を超えた過剰サービスがあたり前になっていることもよくあります。

このような状況では、頑張っても頑張ってもお客様に喜んでいただけなかったり、印象に残らないサービスになってしまいます。これは困ったことです。

この状況をグラフにしてみると、**図1・5**のようになります。お客様の事前期待は、時間の増加関数です。図1・5は、自社のサービスレベルがお客様の期待を大きく超えており、なお

図1・5 事前期待は時間の増加関数

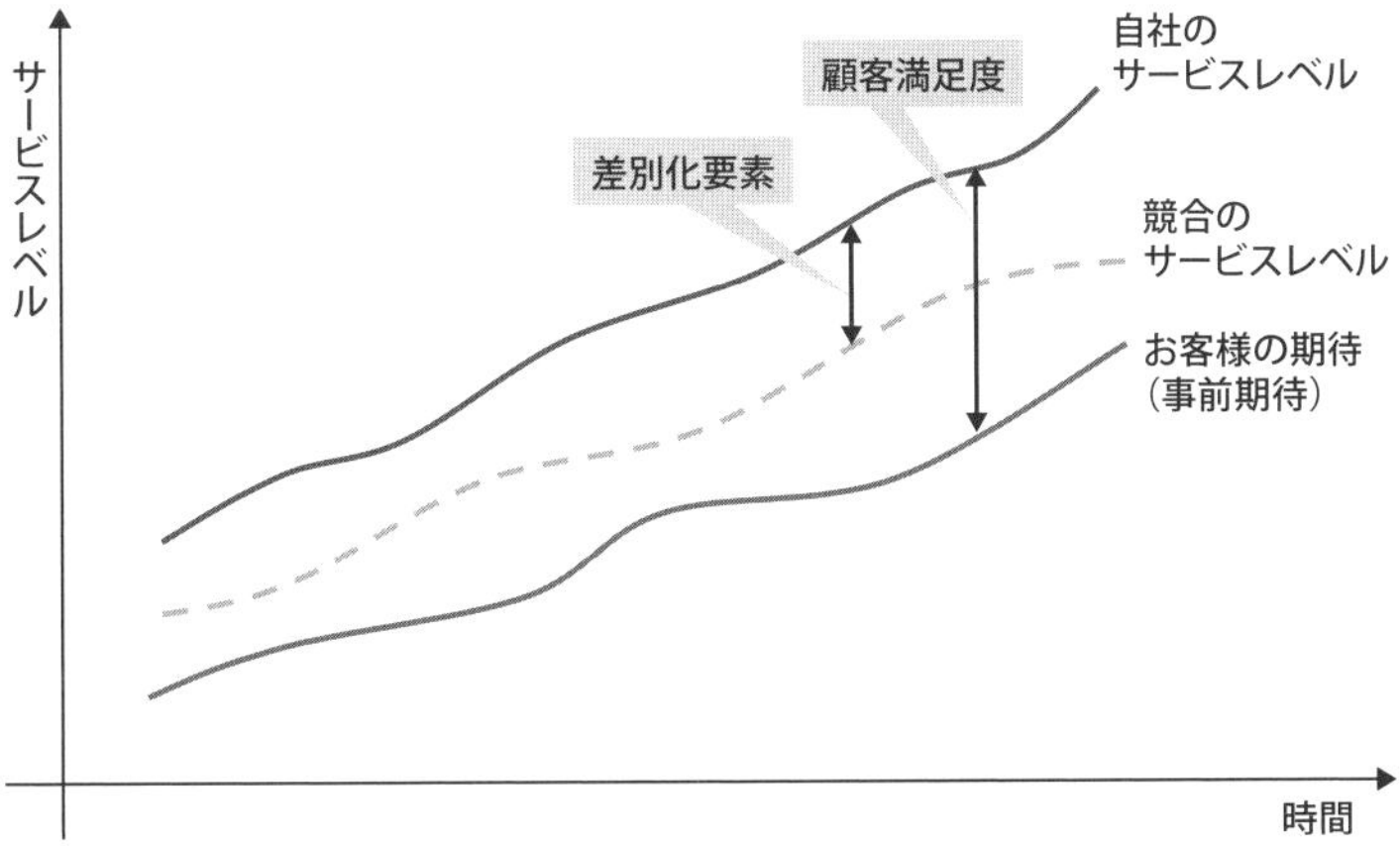

かつ、競合企業のサービスレベルも上回っています。本来なら「めでたし、めでたし」なのでしょうが、実はこのグラフは恐ろしい状況を示しています。というのは、時間軸は無限に続くため、この状況を維持し続けると、そのサービスはよほど大きな値上げでもしない限り、赤字ビジネスになってしまいます。これは、恐ろしいことです。このやっかいな問題は、第5章の「事前期待のマネジメント」で解決したいと思います。

ここまでで、サービスの定義からも顧客満足の定義からも、お客様の「事前期待」がサービスにとって極めて重要な要素だということが浮かび上がってきました。この「事前期待」とは一体どのようなものなのかについて考えてみたいと思います。

3 お客様の事前期待に応えることがサービスの本質である

サービスにとって「事前期待」は大切なものであることが分かりました。この事前期待を論理的に分析して、理解を深めたいと思います。

事前期待は、**図1・6**のように「事前期待の対象」「事前期待の持ち方」「事前期待の持ち主」の3つの構成要素に分解することができます。

最初の「事前期待の対象」は、普段から意識していると思います。居酒屋にはサービスの内容を示したメニューやお品書きが用意されています。頑張っている居酒屋だと「本日のおすすめメニュー」が用意してあります。これは、食材の新鮮さなどのサービス品質を示しているのだと思います。もちろん価格も書いてあり「赤字覚悟」などと「お得感」をアピールしています。

この事前期待の対象を磨き上げると、それなりの顧客満足は取れると思います。しかし、実はこの部分でいくら努力しても感動サービスやホスピタリティサービスといった高い評価を得ることは難しいことが分かってきました。最高級の評価を得るためには、二点目の「事前期待の持ち方」に着目することが大切なのです。そこで具体的に「事前期待の持ち方」の中身を詳しく見ていきたいと思います。

(1)「共通的な事前期待」とは、すべてのお客様が共通的に持っている事前期待です。

例えば、ホテルに宿泊する際に「ベッドが清潔であってほしい」という期待はすべてのお客様の共通的な事前期待です。この期待に応えるには「マニュアル」や「チェックリスト」を用意して、しっかりベッドメイキングをトレーニングすれば、抜けやバラツキのないサービスを実現することができます。

(2)「個別的な事前期待」は、お客様一人ひとりで異なる事前期待です。

ホテルの例で言えば、枕は一人ひとり事前期待が異なります。「硬めで厚手のそ

図1・6 事前期待を分解する

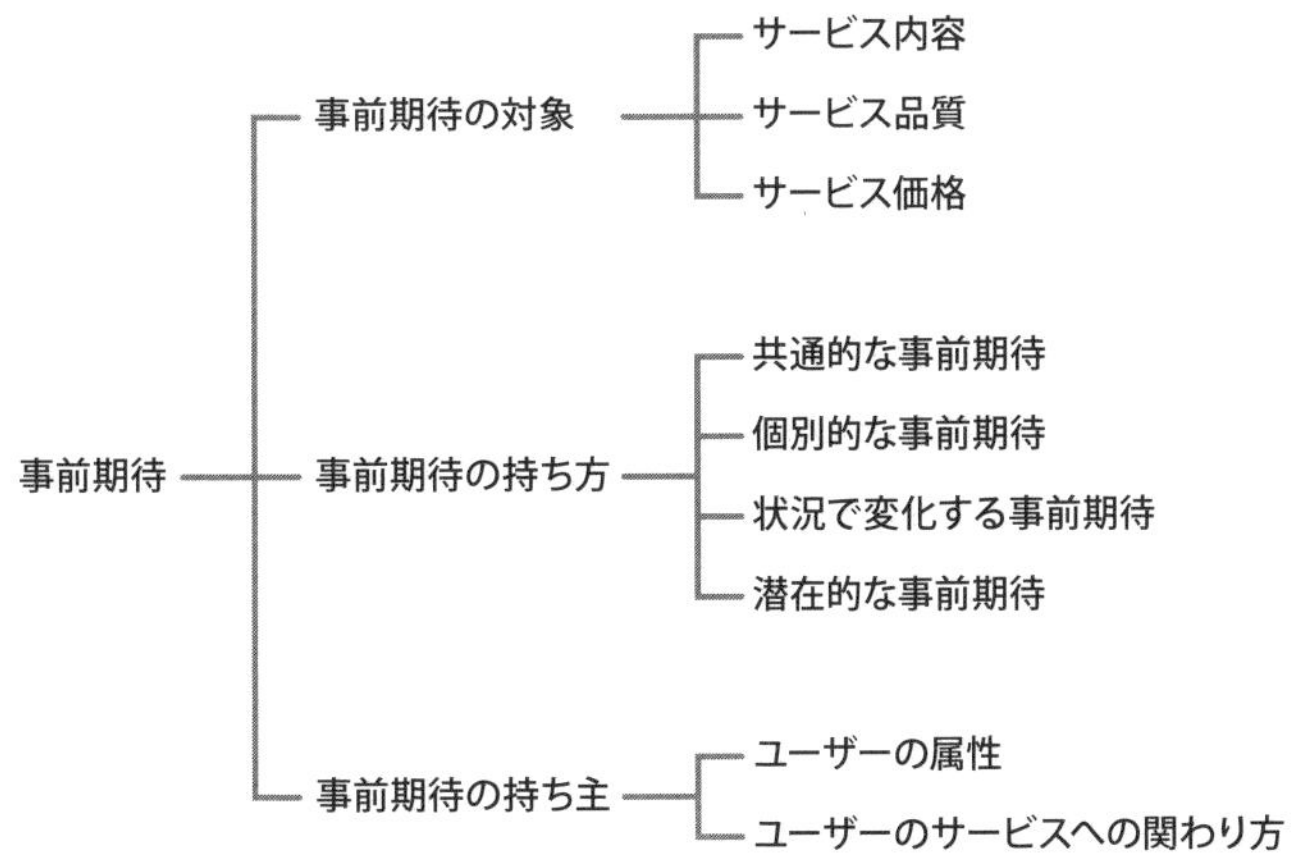

ば殻の枕が好み」とか「フカフカの羽毛枕が好み」といった具合に、お客様ごとに異なる期待が個別的な事前期待です。実はこの個別的な事前期待にしっかりと応えると、お客様に感動していただける可能性が高いことは実証されています。しかし、この対応はマニュアルやチェックリストでは、応えることができません。そこで有効なのが「顧客カード」や「顧客データベース」の活用です。例えば、久しぶりに予約したホテルの部屋に入ったら、何も要求していないのに自分好みの枕がセットされていると、感動してしまうでしょう。これは以前に自分好みの枕を要求した情報が登録されており、その顧客情報を活用して個人的な好みに合ったサービスを提供してくれたのです。

(3)「状況で変化する事前期待」は、同じお客様でも状況によって変わる事前期待です。

修理作業の報告を聞いていただくお客様の様子がいつもと違うので「お急ぎですか」と聞くと、「もうすぐ会議なんだ」「では、修理は完了し確認もしていただきましたので、サインだけお願いします。修理報告はメールしておきます」「ありがとう。時間が取れなくて悪いね」とにっこりされました。

このような、状況で変化する事前期待に応えることは、顧客データベースや顧客カードでは管理できません。状況で変化する事前期待を把握するためには、忙しさや気温、時刻、曜日など「状況で変化する要素」を抽出し、お客様の状況を察知するサービスセンスを身に付ける教育やトレーニングが必要です。

(4)「潜在的な事前期待」は、お客様が思いもよらない事前期待です。

これは少々難しいのですが「思いもよらなかった」「こんなことをやってもらえるとは思わなかった」という類の事前期待です。以前、私の知り合いが妊娠して間もなくに書店で本を探して、しばらく立ち読みしていたのだそうです。すると彼女のカバンに妊婦バッチが付いているのを見つけた店員さんが気を利かせて椅子を用意してくれたそうで、すごく感動していました。

こういった感動体験は、教育やトレーニングをしたからといって提供できるものではありません。多くの事例はまぐれ当たりで生まれていますが、ベテランのサービススタッフが長年の経験で築いたノウハウを駆使することもあります。この感動的な事例をデータベースに登録して、組織的に共有できると、サービス提供者が同じ場面に遭遇したときに、感動サービスを再現できるチャンスが生まれるのです。

このように「事前期待の持ち方」には4つの種類があるのですが、個別的な事前期待や状況で変化する事前期待、潜在的な事前期待に応えると、感動体験につながります。

最後に、図1・6の三点目の「事前期待の持ち主」です。「男性か女性か」「関西人か関東人か」

図1・7　事前期待の持ち方とサービスの評価

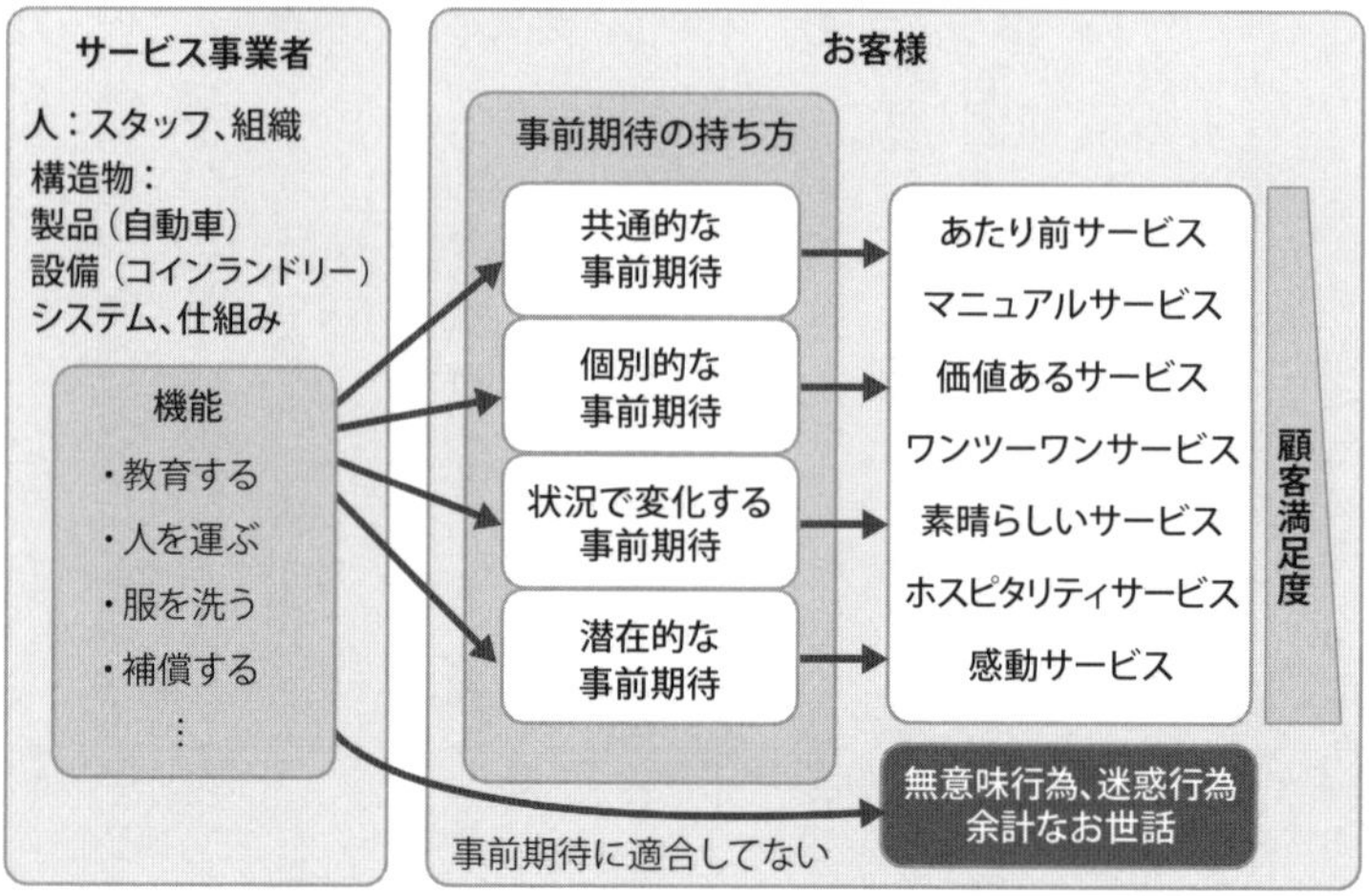

というようなお客様の属性によって、サービスに対するお客様の事前期待が変わることがあります。また、お客様は「自分でできることだが、忙しいのでサービスを受ける」場合と「自分では絶対にできないことをやってもらう」場合では、事前期待が異なることが多く、一般的には自分でできることを頼む場合には、期待が大きく膨らむ傾向があります。

これまでの内容を絵にしてみると**図1・7**のようになります。サービス事業者が機能を発揮して、それが共通的な事前期待から潜在的な事前期待に適合していると「あたり前サービス」から「感動サービス」まで、それぞれの評価をされます。ところが、どの事前期待にも適合していない場合は「無意味行為」「迷惑行為」「余計なお世話」になってしまい、サービスとは認めてもらえません。

事前期待はなかなか複雑ですが、これらのことをきっちりと理解した上で、サービスに活かす必要があります。お客様の事前期待を中心にしたサービス設計を行うことが、サービスで顧客満足を得るためのカギになるのです。

4　感情的満足がサービスビジネスを成功に導く

「なぜ顧客満足を高めたいのですか」と質問をすると、ほとんどの方が「リピートオーダーがほしいからです」と答えます。
図1・8は、多くのマーケティング調査結果や筆者がコンサルティングした企業の調査結果を一般化したものです。大いに不満足のときは、誰もリピートオーダーしません。やや不満足、普通、やや満足と満足度が上がっていくと、リピートオーダーは増えていきますが、勾配は極

図1・8　感情的満足がリピートを生む

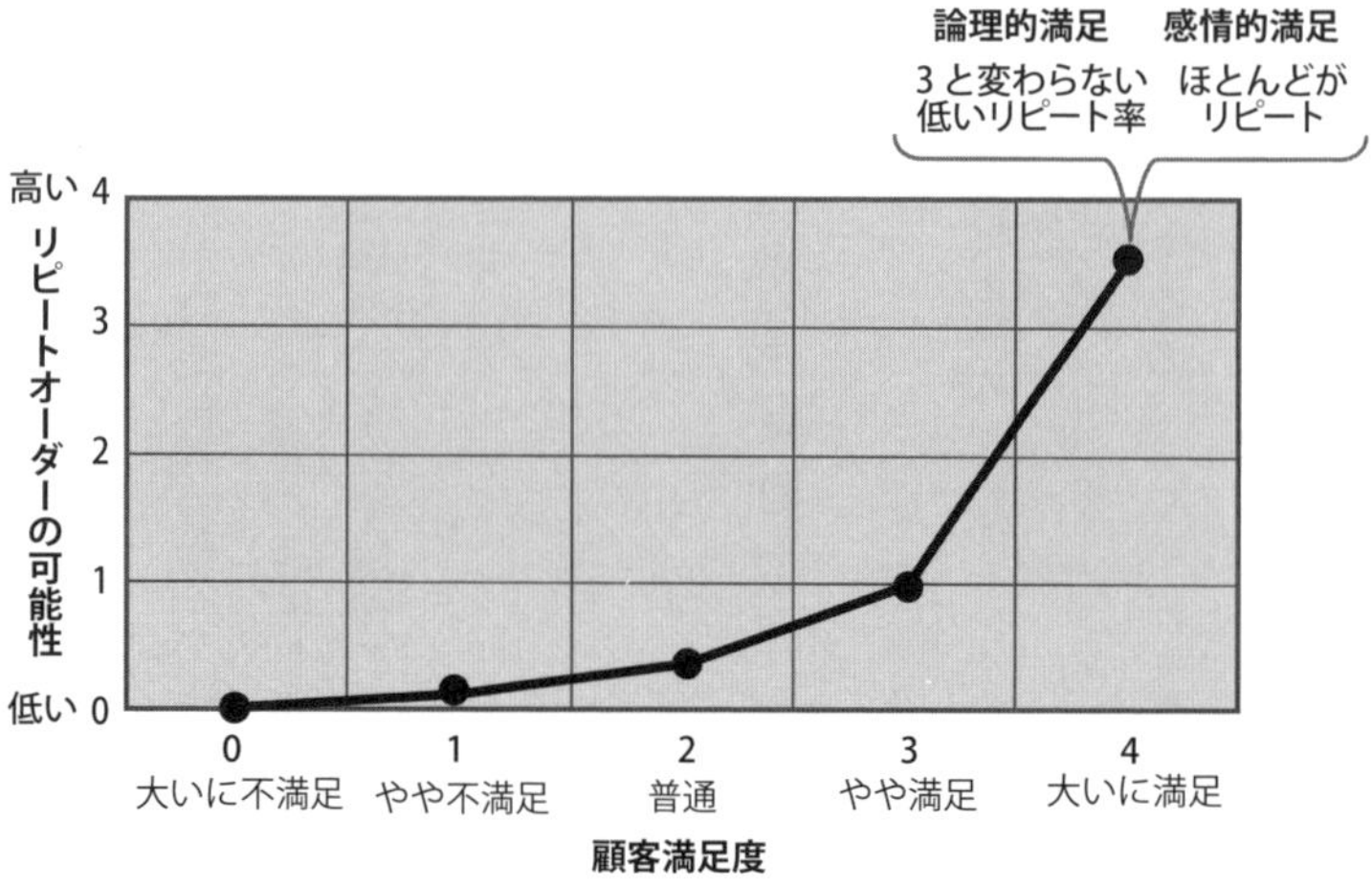

めて緩やかです。そして、大いに満足となったときにドンとリピートオーダーが増えています。つまり、リピートオーダーにつながらない「やや満足」の顧客満足には価値がなく、「大いに満足」の評価を得る必要があるのです。

　ところが、大半の企業の顧客満足の推進部門は、大いに満足とやや満足をプラスして「満足している顧客は、85％以上もある」と報告しています。ひどいケースでは、普通まで加えている企業もあります。これでは、担当部門の自己満足にしかなりません。また、多くの企業は満足度調査の評価を平均満足度で測っています。例えば、前回の調査で平均満足度が「2・8」だった場合、今年は「3・0」超えを目標にしたりします。ですが図1・8を見ると、2・8が3・0になっても、リピートオーダーはほんのわずかしか増えません。リピートオーダーを増やしたいなら、前回調査でやや満足の評価になったお客様を特定し、どうすればそのお客様の評価を大いに満足にできるかを考えるべきです。とくにＢｔｏＢのビジネスのアンケート調査では、お客様を特定するのはそれほど難しいことではありません。

5　感情的満足と論理的満足には、天と地ほどの差がある

最近になって分かった知見ですが、顧客満足には2種類あるのです。それは、「論理的満足」と「感情的満足」です。外資系の大手カード会社は、時間と工数をかけてこの二つの満足の違いを研究したそうです。すると、論理的な大いに満足は、やや満足よりも低いリピート率しかなく、感情的な大いに満足は１００％に近いリピート率だったそうです。そう言われれば、家電製品を価格ドットコムで調べて、思った以上に安く購入できると満足しますが、次に家電

製品を買おうとしたときには、前回購入した通信販売会社の社名をまったく覚えていません。再度、価格ドットコムで最安値で提供している企業を調べて買うことになってしまいます。つまり、「予想より安く買えた満足」は論理的満足であり、リピートオーダーにつながりにくいということです。価格が安いことだけを売り物にしてきた大手の量販店が苦しくなってきているのは、論理的に当然の結末と言えるでしょう。

外資系の大手カード会社の調査では、論理的に満足しているお客様は、不満足のお客様よりも離反率が高いという結果だったそうです。また、感情的に満足しているお客様の年間平均利用額は、論理的に満足しているお客様の2倍近くになっているそうです。同じ顧客満足であっても、感情的満足と論理的満足には天と地ほどの差があるということです。これは、とても大事な知見だと思います。

顧客満足についての考察は、いかがでしたか。サービスの正しい知識がないと、顧客満足を向上させるように努力しても、価値ある成果につながらないということです。次は、サービス品質です。

Ⅱ

サービスの価値の土台となるサービス品質をマスターしよう

1　サービス品質は、6つの要素で議論すると分かりやすい

多くの企業で、サービス品質を高めていくことが重要な課題になっています。このため「サービス品質を上げよう」という指示が出されていると思います。しかし実は、「サービス品質を上げろ」と言われても、現場では何を頑張ったらよいのかピンとこないというのが実態です。つまり「サービス品質を上げよう」という指示を何度繰り返しても、サービス品質は高まらないということです。

そこで、サービス品質を分解して、どのような努力をすると、どのような価値が生まれるかを明確にして、マネジメントする必要があります。具体的には**図2・1**のように、サービス品質は「正確性」「迅速性」「柔軟性」「共感性」「安心感」「好印象」の6つに分解すると分かりやすくなります。

まず、「正確性」はどのようなサービスでも欠かすことはできないものです。これがなければ、お客様からの支持は得られません。ホテルサービスの場合、予約内容の把握や精算業務が正確でなければ、話になりません。

「迅速性」は時間で定量化でき、競合企業との比較が数値でできるため、サービスの評価に

大きく関与します。世の中のビジネススピードが速くなるにつれて、迅速なサービスへの期待は高まっています。ホテルサービスでは、待たせない対応や簡略な手続きがこれにあたります。

次の「柔軟性」は、千差万別なお客様の要求に応えるために必要です。臨機応変な対応を実現するためには、現場への権限委譲が必要です。

そして、さまざまなお客様が何を期待しているかを把握するためには、「共感性」が欠かせません。このとき、お客様の立場で考える姿勢が必要です。お客様の要求を聞くだけでなく、その要求の本質や背景を理解することが大切です。

また、サービスは目に見えないためにお客様は不安を感じやすいので、「安心感」も大切です。気心の知れたスタッフが対応するとお客様に安心していただけます。高齢者はいろいろと不安に感じることが

図2・1　サービス品質を6つの要素で定義する（ホテルサービス）

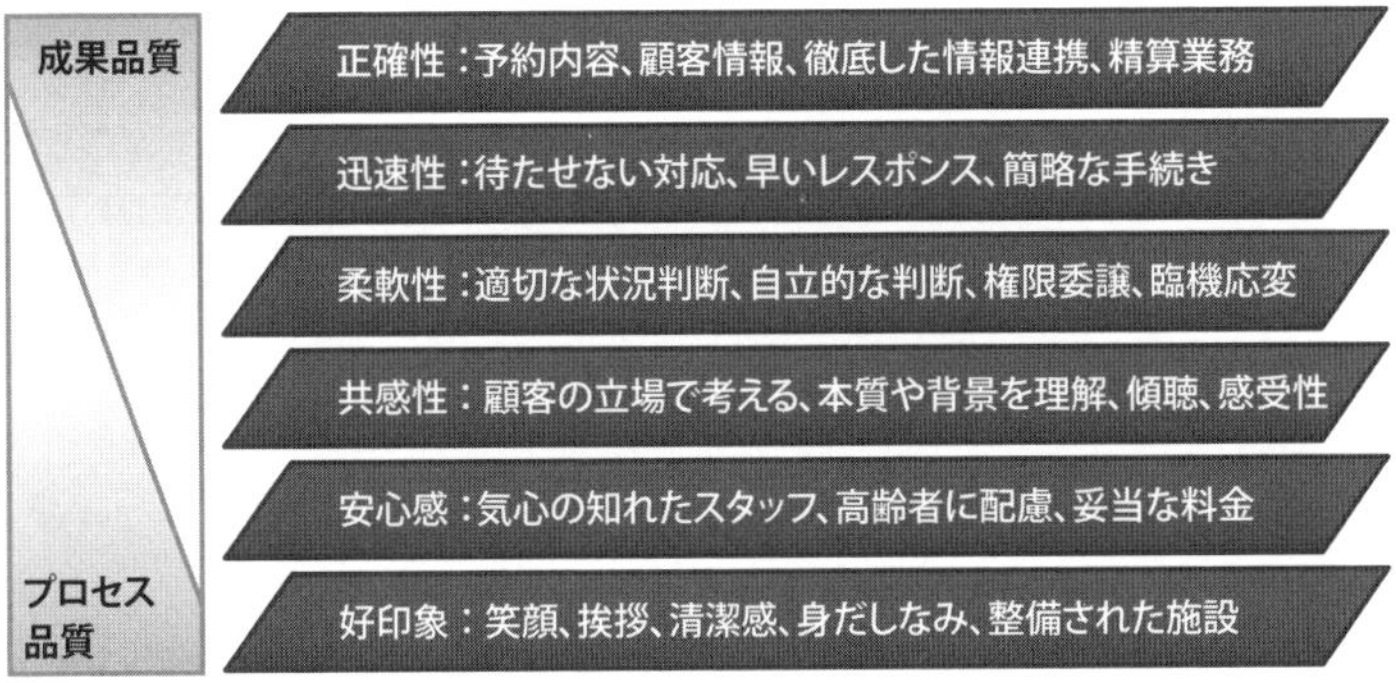
成果品質
プロセス品質
正確性：予約内容、顧客情報、徹底した情報連携、精算業務
迅速性：待たせない対応、早いレスポンス、簡略な手続き
柔軟性：適切な状況判断、自立的な判断、権限委譲、臨機応変
共感性：顧客の立場で考える、本質や背景を理解、傾聴、感受性
安心感：気心の知れたスタッフ、高齢者に配慮、妥当な料金
好印象：笑顔、挨拶、清潔感、身だしなみ、整備された施設

多いので、きめの細かい配慮が必要です。また、請求内容や料金に不安を感じるお客様が多いので、この点への配慮があると安心していただけます。

最後の要素は、「好印象」です。スタッフの挨拶や身だしなみなど、接客態度によってサービスの評価は大きく変わります。

サービスの評価を高めるためには、サービス品質のこれら6つはどれも欠かすことはできません。ただし、サービスの種類やサービスプロセスによって注力すべきサービス品質は異なります。

図2・1の上から2つの「正確性」「迅速性」は、サービスの成果品質に大きな影響を与えるサービス品質です。下の2つの「好印象」「安心感」は、サービスのプロセス品質に大きな影響を与えるサービス品質です。そして、真ん中の2つの「共感性」「柔軟性」は、サービスの成果品質とプロセス品質の両方に大きな

図2・2　サービス品質を6つの要素で定義する(保守サービス)

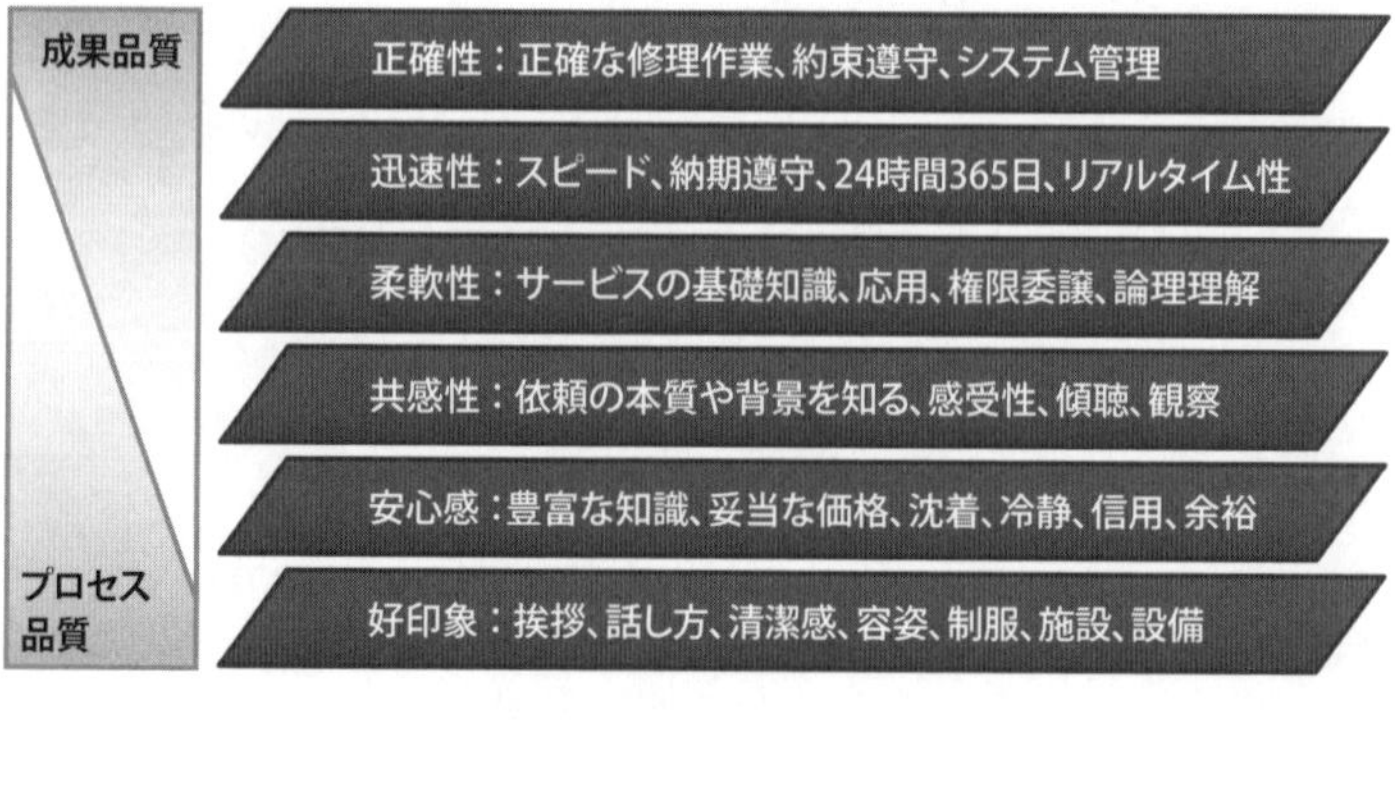
成果品質
プロセス品質
正確性：正確な修理作業、約束遵守、システム管理
迅速性：スピード、納期遵守、24時間365日、リアルタイム性
柔軟性：サービスの基礎知識、応用、権限委譲、論理理解
共感性：依頼の本質や背景を知る、感受性、傾聴、観察
安心感：豊富な知識、妥当な価格、沈着、冷静、信用、余裕
好印象：挨拶、話し方、清潔感、容姿、制服、施設、設備

影響を与えるサービス品質です。筆者はハイレベルなサービスでは、「共感性」がもっとも大切なサービス品質だと思っています。

図2・2に保守サービスのサービス品質の例を挙げてみました。「好印象」のようにホテルサービスとあまり変わらないものもありますが、「安心感」のように大きく違っているものもあります。ぜひとも、自社のサービス品質を同じように定義してみてください。

もう少し具体的に、これらの6つの要素がどのようにお客様に働きかけ、顧客満足を獲得するかを示したのが**図2・3**

図2・3　6つのサービス品質の役割

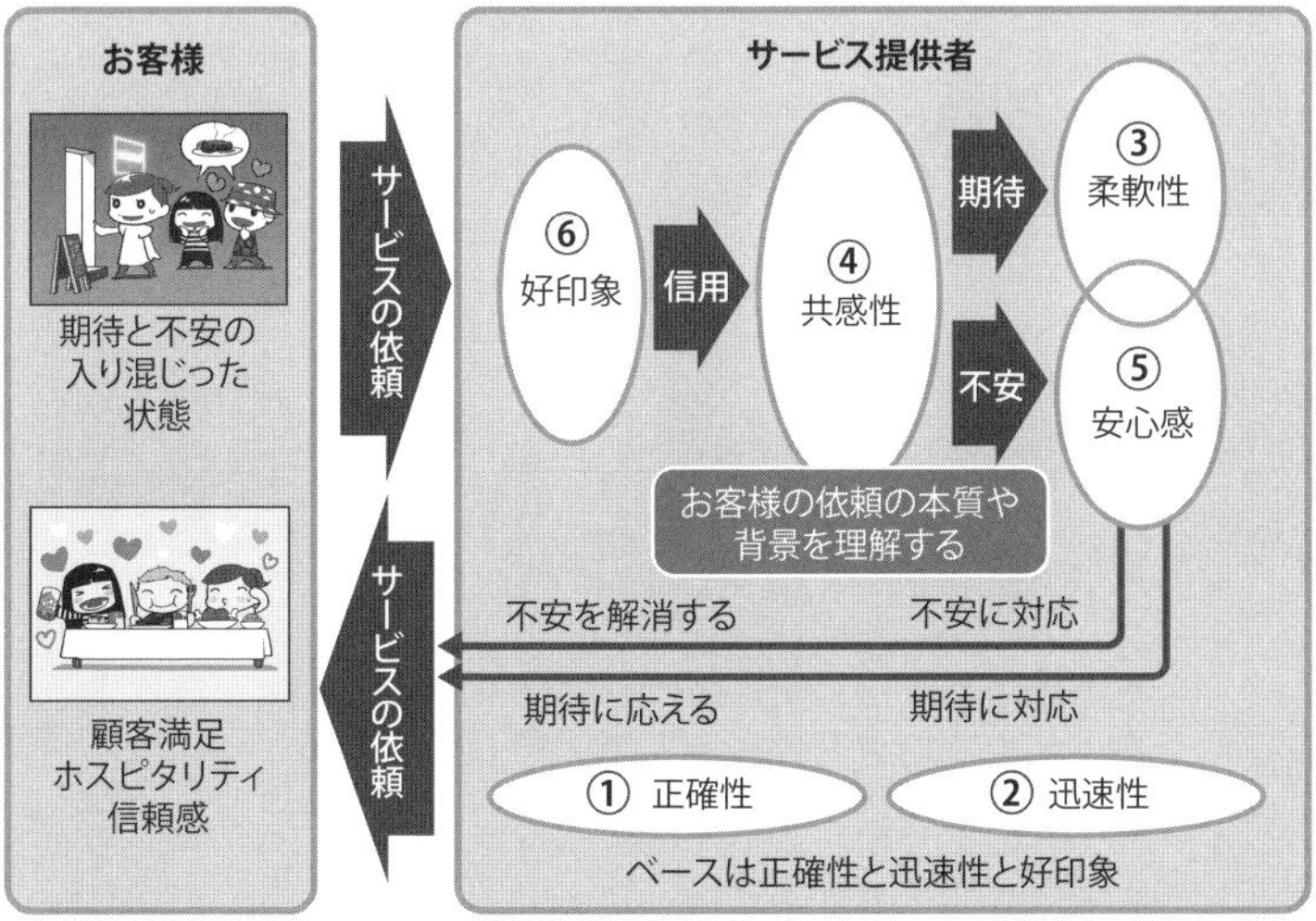

です。

お客様はサービスを依頼するときに「期待と不安が入り混じった状態」にあります。このとき、お客様は、笑顔や挨拶、身なり、レストランの清潔さといった「好印象」の度合いでサービス提供者を判断します。ここで「この人やこの会社は信用できそうだ」という印象を持ってもらって、初めてお客様との関係が一歩進みます。次は「共感性」です。ここでは、お客様の要求の本質やその背景をサービス提供者が把握することがカギです。「好印象」の段階ではまだ表層的な関係ですが、担当者の「共感性」の発揮により、お客様に「この人は自分の要求を心から理解してくれたのだな」と感じてもらうと、お客様との間により強い信頼関係が生まれます。この後、把握したお客様の要求は「期待が大きいのか、不安が大きいのか」によって発揮すべき品質特性が変わります。期待が大きいときには、お客様の要求に沿うために会社のルールの範囲内で精一杯の「柔軟性」の発揮が必要です。不安が大きいときには「安心感」を提供することによって顧客満足を実現します。「正確性」と「迅速性」は、情報伝達ミスの防止やお客様へのサービス提供スピードを確保することになります。

なおサービスによっては「期待」に応える要素が多いサービスと「不安」に応える要素が多いサービスがあります。日本のサービス業の多くは、期待に応える努力をしています。ただし一部には、不安に応える努力が必要なサービスもあります。例えば、自動車損害保険の事故受付センターです。お客様は事故を起こして混乱と不安の極致にいます。まず落ち着いてもらうことが必要ですから、事故受付プロセスではお客様と事故関係者に「安心感」を与えることが大切です。機器の修理やトラブル対応サービス、医療、警察、消防といった公共的なサービスも安心感重視のサービスです。

2 ハイレベルなサービスの競争は、共感性と柔軟性と安心感で決まる

多くの企業は「正確性」「迅速性」「好印象」を高める努力をしていますが「共感性」「柔軟性」「安心感」には、あまり関心を持っていません。確かに「正確性」と「迅速性」は重要です。しかし実は、一流企業はどこでもここには力を入れているので、サービスにあまり差がつきません。また、お客様は「一流会社であれば、正確で迅速なサービスをしてくれるのはあたり前でしょ」と感じているのです。したがって、一流企業の競争には「共感性」「柔軟性」「安心感」が重要になります。

3 印象サービス品質がサービスの味わいを決める

2010年の暮れのセミナーで、サービス品質について鋭い質問をいただきました。「この要素はどうしてこの6つなのですか」と「この6つに付け加えるべき要素はないのですか」という素朴な質問です。このときは、自分が納得できる回答ができませんでした。翌年の3月11日に東日本大震災が起こりました。私も千葉でプロジェクトの合宿をしていて怖い思いをしました。何とか翌日に東京に戻れましたが、すべての講演がキャンセルになり、サービス改革プロジェクトも中断することになりました。

そこで、この時間を使って、先ほどの質問に対する解答を作ることにしました。まず、広辞林の電子辞書を使って、サービス品質を表現していそうな言葉を抽出し、それにこれまでにサービス品質に近い言葉を書き溜めていたものを加えて、600語ほどの一覧表を作成しました。それらを一語ずつ確認し、サービス品質を表現している言葉かそうでないかを自分の感覚で絞り込んでいきました（**図2・4**）。ここからさらに65個まで絞り込み、これらの言葉を慎重に分類していきました。

結果的には、正確性、迅速性、柔軟性、共感性、安心感、好印象の6つに追加すべき言葉も

図2・4 分類対象にした用語例

安心感、共感性、好印象、柔軟性、迅速性、正確性、顧客満足、信頼感、納得感、ブランド、感動体験、従業員満足、効果性、利便性、絶対遵守、正確無比、俊敏な、すぐやる、リアルタイム、即断即決、わがままを聞く、何でもやる、確実性、実用性、快適性、ホスピタリティ、高級感、牧歌的、印象的、家庭的、個性的、合理的、刺激的、情熱的、先端的、創造的、都会的、本格的、魅力的、優越感、顧客中心、献身的、好意的、合法的、人道的、正義感、責任感、道徳的、良心的、倫理的、観察力、計画力、傾聴力、聞き上手 、上品な、対応力、説明力、想像力、表現力、問題解決力、人望、リーダーシップ、プロフェッショナル、スマート、ハートフル、セレブ感、優しい、可愛い、
効率的、有効性、意欲的、画期的、解放的、享楽的、驚異的、実質的、実践的、社会性、社会的、重要性、親近感、進歩的、正当性、積極性、積極的、専門的、組織的、総合的、多様性、妥当性、体系的、知的、適法性、独創性、標準的、保守的、理想的、一貫性、快感、楽天的、経済性、古典的、詩的、定期的、内面的、必然的、文化的、本質的、理性的、永遠性、永続性、開放的、機能性、客観性、居住性、共時性、具体性、建設的、現実性、固有性、互換性、公的、功利的、肯定的、今日性、根本的、自主的、自然的、自発性、自発的、実証的、主導的、冗長性、心情的、紳士的、人間的、整合性、存在感、多面的、抽象的、超人的、哲学的、典型的、伝統的、同感、特徴的、突発的、日本的、熱狂的、能動的、派生的、発展的、悲観的、悲劇的、美的、必然性、表面的、普遍的、副次的、補助的、本能的、民主的、命令的、模範的、優先的、理論的、臨場感、例外的、歴史的、論理的

図2・5 サービス品質の拡張

サービス品質
- 基本サービス品質 ― 正確性、迅速性、柔軟性、共感性、安心感、好印象
- 目標サービス品質（複合サービス品質） ― （日々の目標）顧客満足、感動体験、ホスピタリティ、従業員満足、納得感、利便性、・・・
  （中期の目標）ブランド、ロイヤルティ、サステナビリティ、信頼感、・・・
- 印象サービス品質（味わい） ― プロフェッショナル、顧客中心 、俊敏な、ワンストップ、献身的、優しい、スマート、ハートフル、家庭的、上品な、都会的、田舎風、高級感、可愛いらしい、情熱的、魅力的、個性的、本格的 、・・・

料理を配膳する	追加注文を確認する	食事の終了を確認する	料金を請求する	料金を回収する	ご利用のお礼を述べる	お見送りする
一品ずつ料理をだす	料理は洋食で薄味	感想をスマートに聞く	カード決済が中心	カード決済が中心	スマートなあいさつ	スマートなあいさつ
注文された料理をどんどんだす	料理は和食で濃い味	感想を熱く聞く	現金精算が中心	現金精算が中心	気持ちの熱いあいさつ	気持ちの熱いあいさつ
ウェイターがテーブルに付いてサービスする	料理は3ツ星ランクのシェフ	感想を聞くことはない	料金は後日精算方式	料金は後日精算方式	身内的なあいさつ	身内的なあいさつ

置き換える言葉も見つかりませんでした。

6つ以外の言葉には、顧客満足、感動体験、ホスピタリティ、ロイヤルティなどのように、サービスの目標を示しているものがありました。これらを**図2・5**のように「目標サービス品質」と名付けることにしました。

その他にも、まだ消すのは惜しい言葉が多く残っていました。具体的には「顧客中心」「スマート」「ハートフル」「プロフェッショナル」などです。時間があるたびに、これらの言葉を眺めていると、これらは、サービスの味わいや印象を表現していることに気が付きました。そこで、これらを「印象サー

図2・6　印象サービス品質の例

レストランの印象サービス品質

サービス提供プロセス	顧客を迎える	席に案内する	メニューを渡す	注文を取る	料理を用意する
都会的な印象	ガラスの自動ドア	高層ビルからの景色が見える	おしゃれなメニュー	コースメニューが中心になる	食前酒はシャンパン
田舎風の印象	木と障子の引き戸の玄関	日本庭園が見える	分かりやすいメニュー	単品の注文を受ける	食前酒は梅酒やビール
高級感の印象	重厚な玄関にドアボーイが丁重に	都会なのに隔離された景色	事前にメニューは頼んである	飲み物やオプションを確認する	食前酒はドンペリニヨン

ビス品質」と名付けることにしました。

　サービス品質に関係ある言葉を分類することで、サービス品質の概念を拡張することができたのです。この作業は、分類することの価値を再認識させてくれました。

　サービス品質をマネジメントするには、まず企業の目標サービス品質を決めます。例えば、「顧客満足は普通なので、当社は〝感動体験〟を目指すことにする」という具合です。次に印象サービス品質を選定します。例えば、これまでは「プロフェッショナル」を追求してきたが、来年からは「ハート

図2・7　サービス品質と事前期待

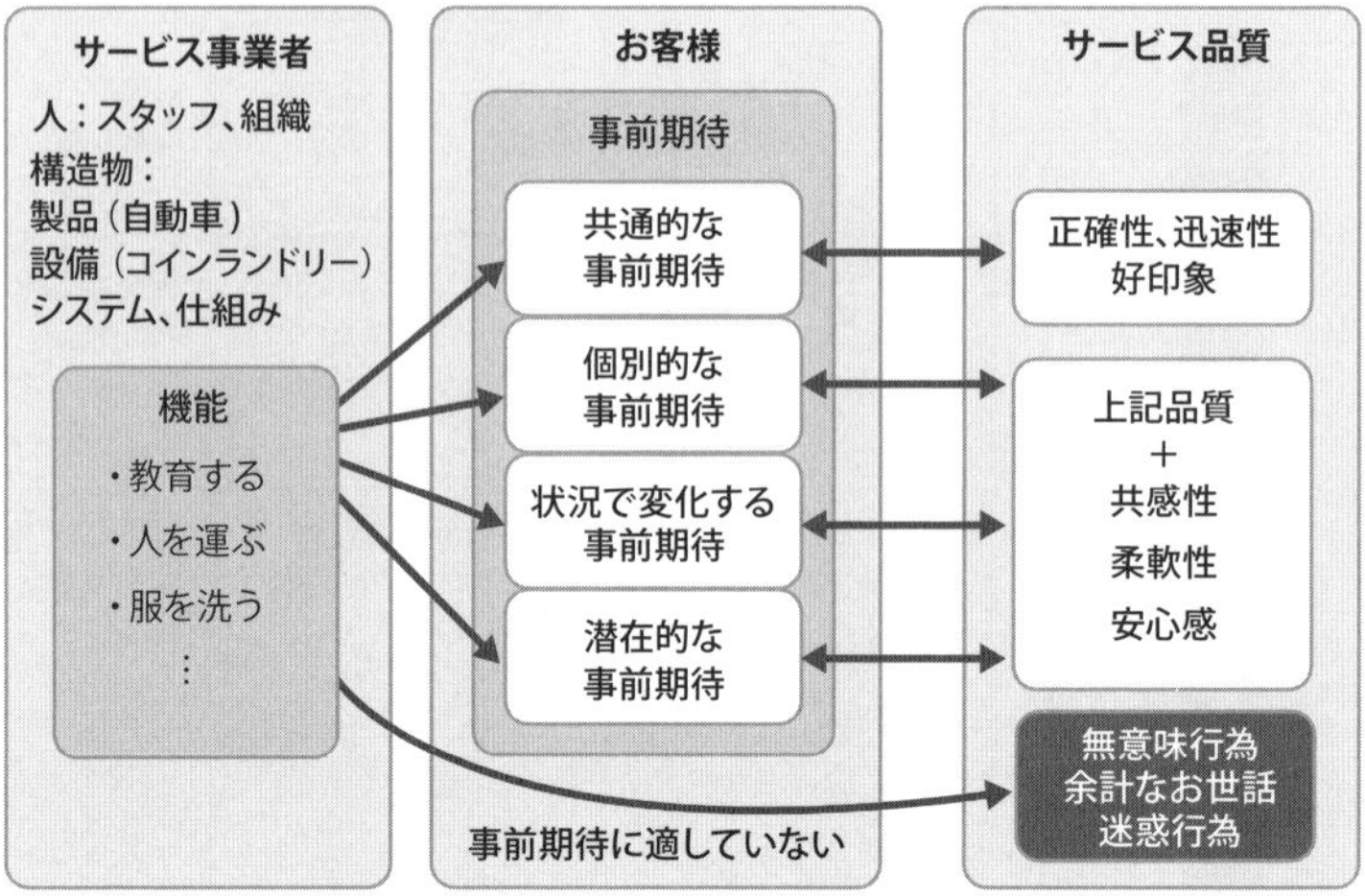

フル」を目指そうという具合です。そして、日常のサービスは、基本サービス品質の6要素でマネジメントするということです。

図2・6に、あるレストランでの印象サービス品質を「都会的」「田舎風」「高級感」とする場合のサービスプロセスを整理してみました。例えば「お客様を迎える」プロセスでは、都会的なレストランはガラスの自動ドアであり、田舎風の印象の料理屋は木と障子で作られた引き戸で玄関であり、高級感のあるレストランは重厚な玄関にドアボーイが丁重に迎えるという具合です。図2・6は、サービス現場をマネジメントしている方たちからは、分かりやすいのでスタッフに説明しやす

いと好評でした。

図2・7で、サービス品質と事前期待の関係を説明したいと思います。共通的な事前期待に応えるためには「正確性」「迅速性」「好印象」で対応することができます。しかし「個別的な事前期待」「状況で変化する事前期待」「潜在的な事前期待」に対応するためには「正確性」「迅速性」「好印象」だけでなく、その場でお客様の事前期待を感じとる「共感性」、そしてお客様が大きな期待を持たれているときは、ルール内で期待に応える「柔軟性」が必要です。そして、お客様が大きな不安を感じておられるときは「安心感」を駆使して、お客様の不安を取り除くことが大切です。

ここまでの知識を現場で活かせれば、あなたはサービス品質のプロフェッショナルです。次はお客様の欲求について考えます。

Ⅲ

サービスの価値は適合している欲求のランクに依存する

1 「自己実現の欲求」と「認められたい欲求」を満たすサービスの価値は高い

マズローの欲求5段階説を参考にして、サービスを分類できないかと考えてみました。所属したい欲求のところを「楽になりたい欲求」と「楽しみたい欲求」に変えてみると、6段階の欲求になりました。これにいろいろなサービスを図に書き込んでいくと、**図3・1**のようになりました。生きるための欲求を満たすサービス業は「実務サービス」「自分でできるサービス」「あたり前サービス」「手順型サービス」「ロースキルサービス」が中心になります。これをサービス業種で見ると、スーパーマーケットやコンビニエンスストア、飲食業などとなり、トータル売上では極めて大きな産業になっています。ただし、ビジネスボリュームは大きいのですが、付加価値は比較的小さいサービス業といえそうです。

これに対して、人間の高度な欲求に応えるサービスは「自己実現型サービス」「能力向上型サービス」「感動サービス」「気づき型サービス」「会員型サービス」「期待度大サービス」などがあります。これをサービス業種で見ると、大学や学習塾、アスレチッククラブ、エステティックサービスなど、付加価値の高いサービス業が多いと言えそうです。

生きるための欲求を満たす「ワンコイン弁当」から自己実現のために「授業料年間100万

図3・1　お客様の欲求とサービスの価格

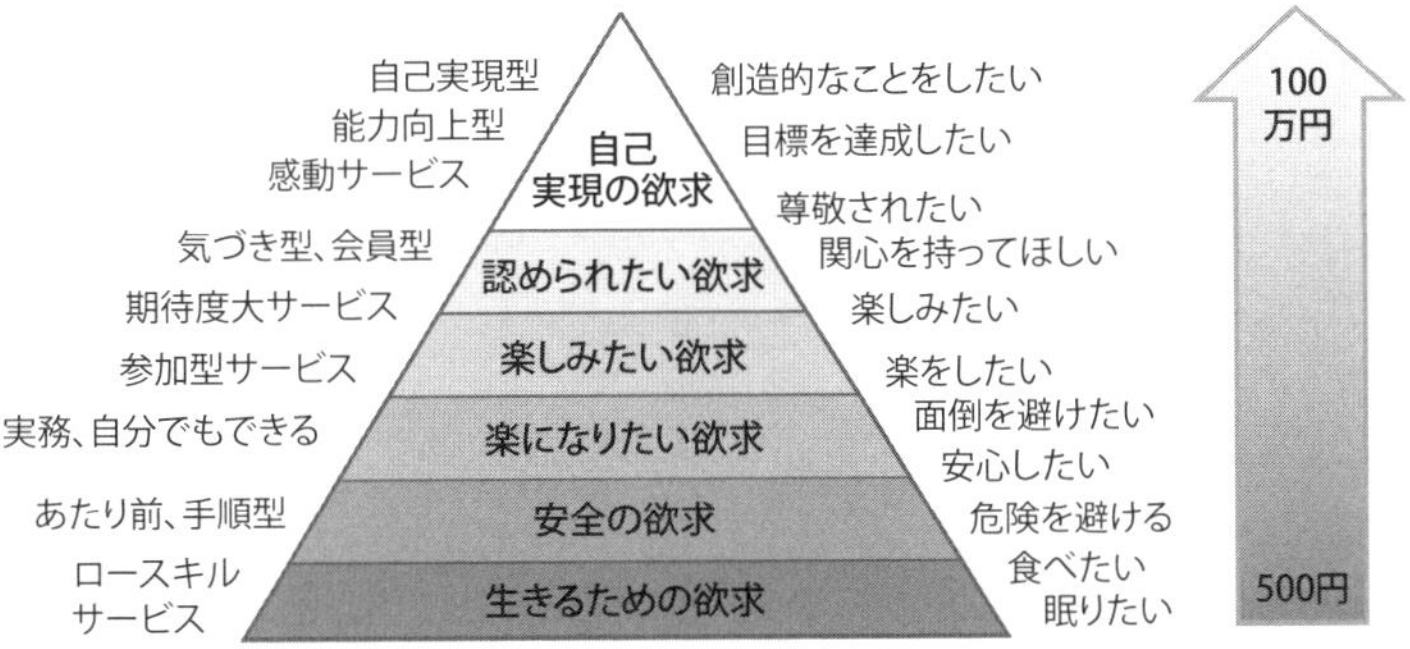

円」を自腹で支払う社会人大学院まで、対応している顧客の欲求によりサービスの価値は大きな幅を持っています。

書道、華道、茶道は、日本を代表する習いごとだと思います。この習いごとを自分の楽しみのために習っている人が投資できる金額と、段位や家元を目指している人が投資できる金額には大きな差がありそうです。また、書道や華道では大きな展覧会に出品する際には多額の費用がかかると聞いています。自己実現の欲求や認められたい欲求を満たすためなら大きな対価も厭わないということです。

さらに、人生をかけて自己実現のために、習いごとを続けられる方も珍しくはありません。この方々が生涯に支払われるお稽古料は、きっと膨大なものになるのでしょう。やはり、人間はレベルの高い欲求に応えてくれるサービスには、大きな価値を感じるのだと思います。

2 自動車のビジネスを欲求6段階説に当てはめてみると納得できる

2011年3月11日に東日本大震災が起こりました。このときに、おびただしい数の自動車が津波にのまれてしまいました。被災地の方々の「生きるための欲求」を満たすために、日本中の軽四輪の中古車が東北に運ばれました。被災地で生きていくために図3・2のように、ただ走ればよい車が求められました。

生きるための欲求が満たされて時間が経つと「もう少し安全な」車に乗りたいとの欲求が目覚めてきます。すると、軽四輪ではなく安全な普通車に乗りたいとか、軽四輪でもいいが品質のよい新車に乗りたいとの欲求が起こってきます。

さらに時間が経つと「もう少し楽に運転できる」中級車に乗りたいとの欲求が芽生えてきます。さらに欲求が膨らむと「楽しみたい欲求」を満たしたいために、スポーツカーやレジャー用のワンボックスカーに乗りたくなります。私も若い頃に、家族5人でワンボックスカーを駆り海や山にでかけていました。

さらに欲求が膨らむと「認められたい欲求」を満たすために高級国産車や高級外車に乗りたくなります。若かった頃、私もいつかは友人に自慢できる車に乗りたいと思ったものでした。

図3・2　お客様の欲求と自動車の関係

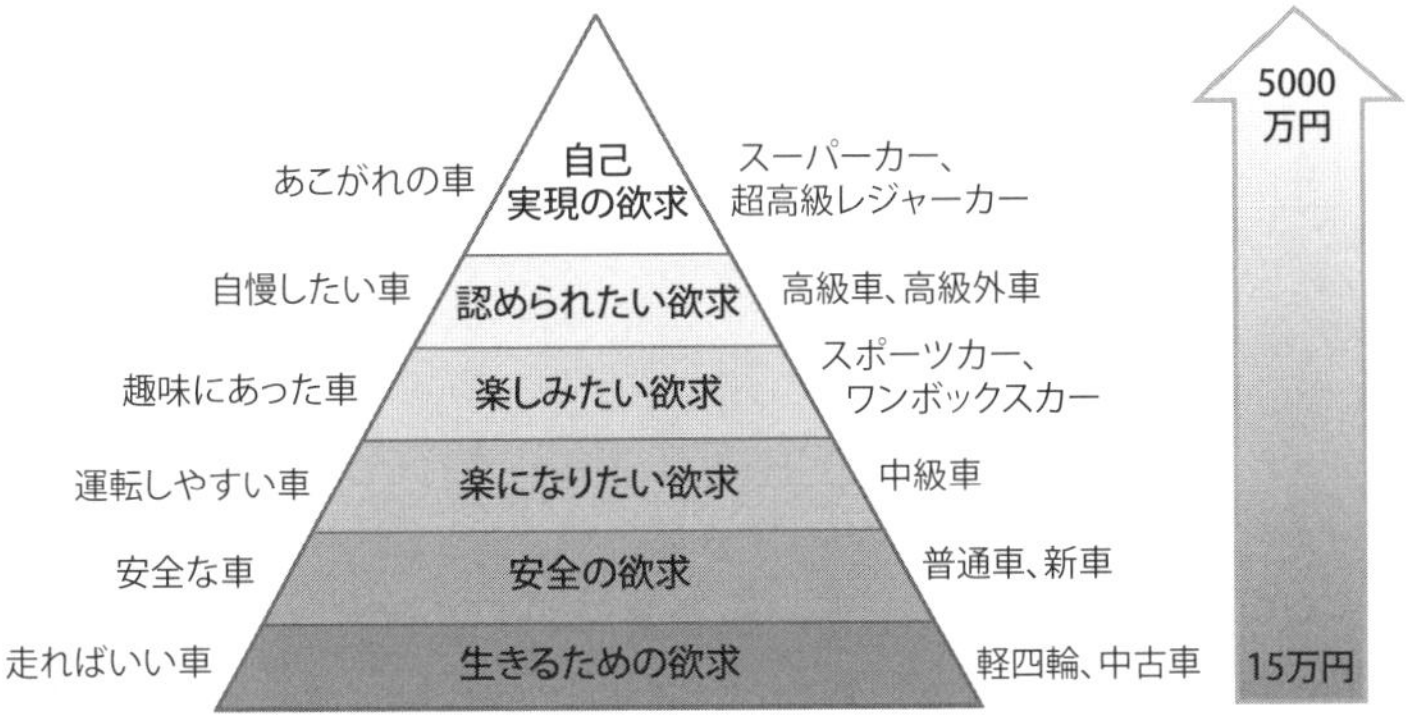

そして、最後は「自己実現の欲求」を満たすために、あこがれの車であるスーパーカーを購入する人もいます。

「生きるための欲求」を満たす中古の軽四輪は、15万円で買えるものもあるでしょう。これに対して「自己実現の欲求」を満たすスーパーカーは、5000万円以上するものもあります。機能的には、軽四輪もスーパーカーもそれほど大きな違いはありません。この大きな金額差は、人間の欲求のレベルによって発生していると理解すべきだと思います。

つまり、サービスの価値を高めるためには、図3・2のできるだけ上位の欲求に応えるように工夫すべきということです。

3 ハイレベルな欲求はお客様の個別的な事前期待に応えなければ満たせない

6段階の欲求と事前期待の関係を図3・3にまとめてみました。「生きるための欲求」「安全の欲求」「楽になりたい欲求」は、人間の共通的な事前期待です。それに対して「楽しみたい欲求」「認められたい欲求」「自己実現の欲求」は、人によって異なる可能性が高い個別的な事前期待です。やはり、個別的な事前期待に対応したサービスの方が価値は高いと言えると思います。

ここまでで、サービスの基礎知識の復習は完了しました。次ページから、本書の主題テーマである「サービスの価値の高め方」について解説します。

図3・3　人間の欲求と事前期待

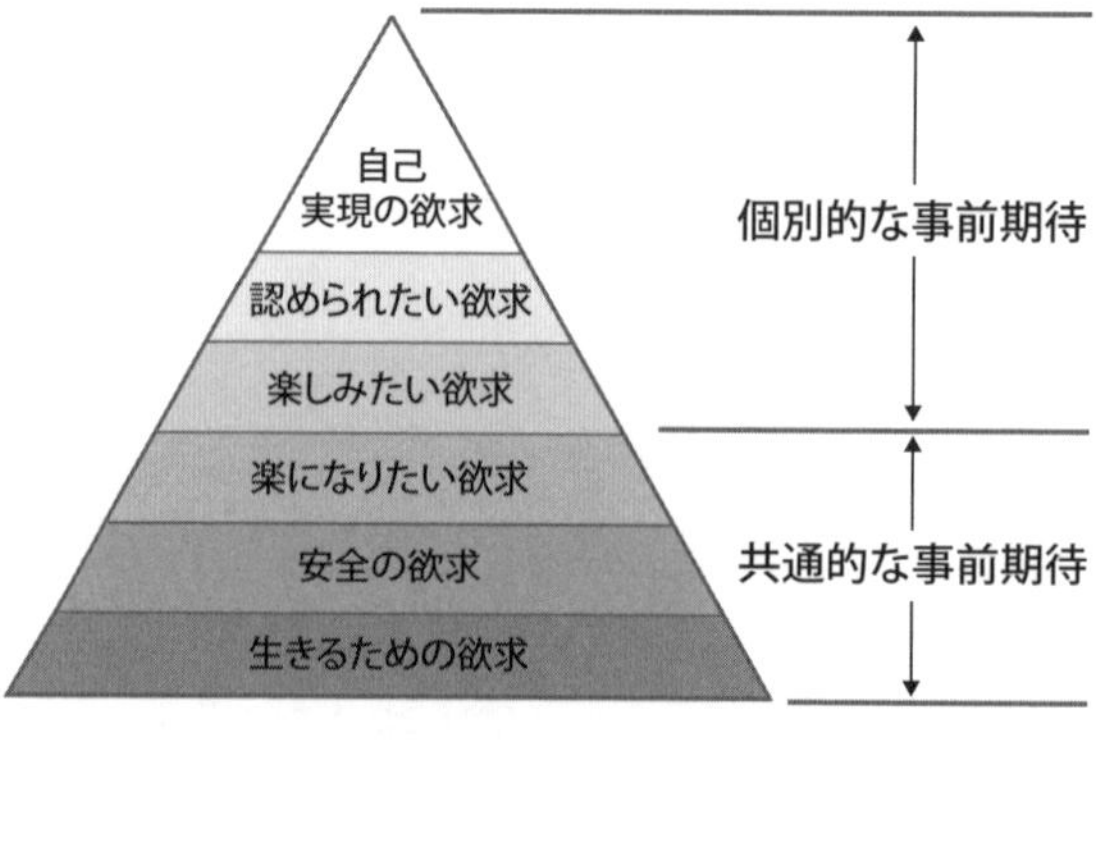

Ⅳ

サービスの価値は「サービスの成果による価値」と「サービスプロセスを磨くことによる価値」から作られる

1　サービスの成果がサービスの価値を作る

当然のことですが、サービスの価値は、図4・1の左側のようにサービスが作りだす成果から生まれます。例えば、鉄道やバスなどの交通サービスによりある地点から目的地点まで移動できた価値や、レストランサービスで空腹を満たすことができた価値や、配達を依頼した荷物が予定通りに相手に届いた価値などがこれにあたります。学術的には、これらの価値を「サービスの基本機能価値」と呼ぶこともあります。

経済産業省関連のホームページに日本のサービス業をまとめた資料があり、これに最近のサービス業であるコンシェルジュ、セラピスト、ネイルアーティスト、エステティシャンなどを加えた約４５０種類のサービス業を基本機能で分類してみると、21個の基本機能から成り立っていることが分かりました。さらにこれらを分類すると、価値の中心がモノにある「モノ提供サービス」と価値の中心が情報にある「情報提供サービス」と価値の中心が快適にある「快適提供サービス」に分類されます。この分類に従うと、上記の交通サービスは快適提供サービスであり、レストランサービスと配送サービスはモノ提供サービスです。４５０種ものサービスがわずか21個の基本機能から成り立っているというこの仮説は、筆者にとっては驚きでした。整理してみると、サービスは思っていたよりシンプルであり、サービスは科学の対象に十分なりうると思いました。

●モノ提供サービス
1. 作ったモノを提供する　製造、食品、電気
2. 食事や飲み物を提供する　食堂、レストラン
3. モノを届ける　宅配便、運輸
4. モノを貸しだす　レンタカー、レンタルビデオ
5. 宿泊・作業場所を提供する　ホテル、貸事務所

●情報提供サービス
6. 価値ある情報を提供する　専門誌、調査
7. 知りたいことを教える　教育、予備校
8. いろいろなことを相談する　弁護士、司法書士
9. 必要な情報を広告する　広告宣伝、広報
10. 代わりに設計する　デザイン、設計

図4・1　サービスの価値は、サービスの成果による価値とサービスプロセスを磨くことによる価値から作られる

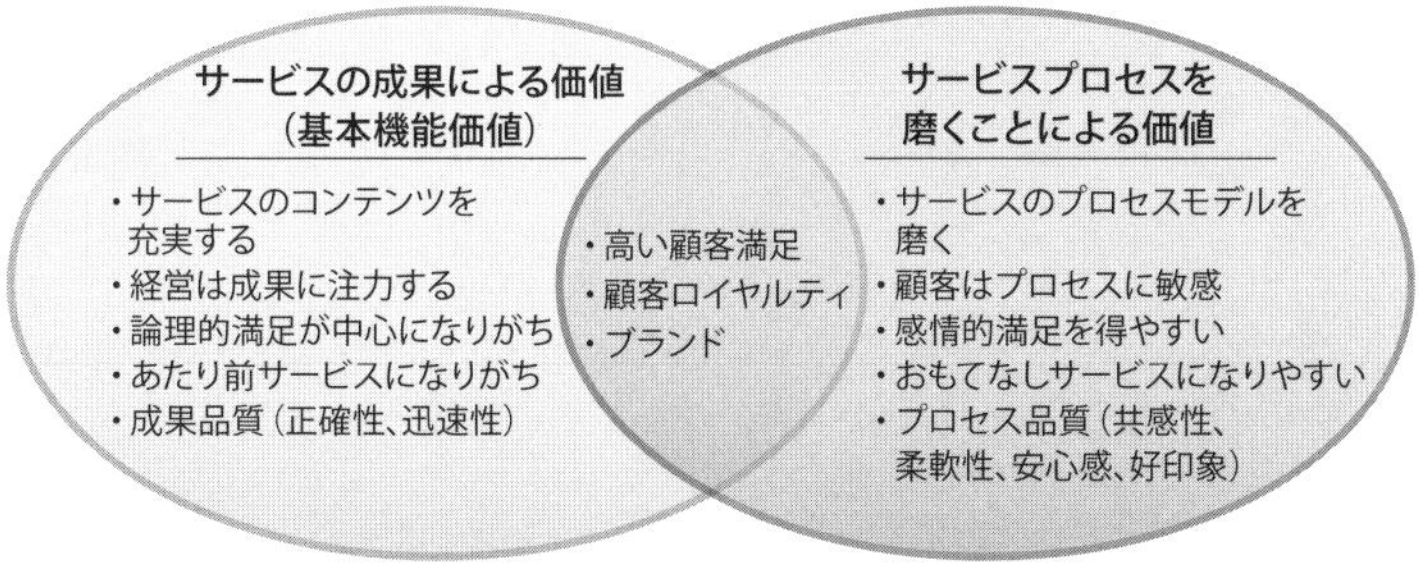
サービスの成果による価値
（基本機能価値）
・サービスのコンテンツを充実する
・経営は成果に注力する
・論理的満足が中心になりがち
・あたり前サービスになりがち
・成果品質（正確性、迅速性）
・高い顧客満足
・顧客ロイヤルティ
・ブランド
サービスプロセスを磨くことによる価値
・サービスのプロセスモデルを磨く
・顧客はプロセスに敏感
・感情的満足を得やすい
・おもてなしサービスになりやすい
・プロセス品質（共感性、柔軟性、安心感、好印象）

●快適提供サービス

11．安心を提供する　病院、保険、警護
12．所有物を修理する　保守サービス、修理
13．仲間の利益を守る　医師会、労働組合
14．移動を支援する　鉄道会社、バス、タクシー
15．ゴミを処分する　ゴミ収集、清掃
16．モノを預かる　コインロッカー、銀行
17．要求を手配する　旅行代理店、営業
18．娯楽を提供する　音楽会、スポーツ
19．人生をガイドする　宗教、人生相談
20．自己実現を支援する　大学、出版
21．能力向上を支援する　学校、塾

鉄道やバスを使ったのに何らかのトラブルで目的地にたどり着けない場合や、レストランの食事が口に合わずに空腹を満たせない場合や、依頼した荷物が約束通りに届かない場合、お客様は基本機能価値を得られていないことになります。当然ですが顧客満足は低くなり、苦情に

つながることもあります。

交通サービスや配送サービスの基本機能価値を実現するために必要なサービス品質は、時刻表通りや約束通りの正確性とスピーディな迅速性が中心となります。これに加えるべきサービス品質は、鉄道スタッフや配送スタッフの若干の好印象だと思います。

この基本機能価値をお客様にきちんと提供することはもちろん大切ですが、これができたとしてもそれだけでは「あたり前サービス」になりがちであり、高い顧客満足や感動体験にはつながりません。

第1章で説明したように、顧客満足には論理的満足と感情的満足があり「依頼した荷物が届いた」という論理的満足だけのお客様は、次の荷物を同じ会社に依頼されるとは限りません。ところが、荷物の集配にきてくれるスタッフの気持ちのよい対応は感情的満足につながるため、またこの会社に頼もうと思うものです。つまり、基本機能価値を提供して得られる顧客満足は、論理的な顧客満足になりがちであり、この価値だけに頼ったサービスビジネスは、成功しにくいということができます。

また、基本機能価値はどのサービス提供者もそれなりに頑張っているために、この価値だけではライバルに大きな差をつけることはできないでしょう。

2 サービスプロセスを磨き上げるところに価値が生まれる

「サービスの成果による価値」と対にして議論されるのが、図4・1の右側のように「サービスプロセスを磨くことによる価値」です。

ある日、車を傷つけてしまい、修理に出すことになりました。修理工場に車を持っていくと、私ががっかりしている気持ちを察してくれて、「大丈夫です。すぐに直りますよ」と励ましてくれました。そして、それほど待たされることもなく、修理の見積もり、A案とB案を作ってくれました。説明は分かりやすく、納得してB案で修理を依頼しました。3日後に連絡があり、車を取りに行きました。修理箇所について簡潔な説明を受け、妥当だと感じる修理費を支払って、満足して帰宅することができました。

修理サービスの基本機能価値は、車を元のように回復させることです。しかし、今回の修理サービスからは「サービスプロセスを磨き上げることによる価値」を感じました。

レストランサービスを例にして「満足していただける標準サービスプロセス」を考えてみましょう。サービスの手順を定義して、それぞれのプロセスの注意点を明確にします。

1. 来店のお客様をお迎えする	明るく挨拶する、できればお名前で迎える
2. 席に案内する	お客様の好みの席に案内する
3. メニューを渡す	お薦めのメニューを紹介する
4. 注文を承る	一人ひとりの注文を確認する
5. 料理を用意する	迅速に、美味しい料理を用意する
6. 料理を配膳する	注文通りに正確に配膳する
7. 追加注文を確認する	タイミングよく、注文を確認する
8. 食事の完了を確認する	満足していただけたかを確認する
9. 料金を計算し、請求する	当店の利用を感謝する
10. 料金を回収する	料金を分かりやすく説明する
11. お礼を述べる	次回の来店をお薦めする
12. お客様をお見送りする	印象に残る挨拶をする

この標準プロセスをレストランスタッフに教育し、個々のサービスプロセスの完成度を高めていくと、お客様に満足していただける可能性は高まることでしょう。これとは反対に、サービスプロセスがよくないと、サービスの成果による価値を台なしにしてしまいます。例えば、

図4・2　お客様はサービスプロセスに敏感

お客様が不満を覚えるポイント	
店員が無愛想	75.9%
クレーム対応が悪い	48.6
値段が高い	30.5
品揃えが悪い	29.1
商品に欠陥があった	27.3
商品などの説明をしてくれなかった	26.7
商品に不満があった	26.5
トイレが汚い	25.9
レジなどで長く待たされた	25.3
駐車場が不便	20.6
その他	13.6

お客様が満足するポイント	
店員の挨拶が行き届いている	61.7%
質問にていねいに答えてくれた	57.4
商品の品質がよい	38.9
品揃えが豊富	38.2
クレーム対応がよい	38.0
値段が安い	35.6
ポイントなどの特典がよい	33.6
トイレがきれい	31.4
店員がお客様の名前と顔を覚えている	24.5
その他	8.0

ダイヤモンド社
「週刊ダイヤモンド 2005.3.5 感動のサービス」より

レストランの料理がどれだけ美味しくても、レストランスタッフの言動がお客様に無礼な対応だと、サービス全体の価値はマイナス評価になってしまいます。

サービスプロセスが洗練されていると、料理の美味しさとの相乗効果でサービスの価値を大いに高めてくれます。プロセス品質を高めるには、お客様の期待を感じ取る共感性、その期待にできるだけ応える柔軟性、アレルギーなどに確実に対応できる安心感、そしてお店のしつらいや親切なレストランスタッフが好印象を高めるでしょう。お客様はプロセス品質にとても敏感なので、油断してはなりません。

少し古くて恐縮ですが**図4・2**は、2005年に実施された週刊ダイヤモンドの顧客満足度調査の記事です。小売店の顧客満足度の調査だったと記憶しています。これを見ると、お客様が不満を覚えるダントツ一番のポイントは「店員が無愛想」です。そして、お客様が満足するポイントの一番は「店員の挨拶が行き届いている」です。このどちらもサービスの成果ではなく、サービスプロセスの評価です。この調査結果からすると、顧客満足度を上げたいのならば、店員の商品知識を充実するよりも、まず挨拶がしっかりできるようにすべきだということです。この結論は、筆者がサービス企業の改革をやった経験からすると正しい結論だと思います。

歴史を重ねた料亭などで見られる趣のある店のしつらいや上品な仲居さんの振る舞いなど、プロセスを磨きあげたていねいなサービスは「おもてなしサービス」につながりやすく、お客様に感情的満足を抱いていただく可能性が高まります。

3 サービスプロセスモデルを活用して、サービスプロセスを磨き上げる

サービスプロセスを磨き上げるためには、図４・３のサービスプロセスモデル（ワークシー

ト)を利用します。

図4・4は、会員制ホテルのお客様をお迎えするサービスプロセスモデルです。サービスプロセスには、サービス提供プロセスと顧客プロセスがあります。この2つのプロセスは、ほぼ同期して進んでいきます。あるホテルの支配人にこのサービスプロセスモデルを書いてもらいました。できあがったモデルは、たった4行で終わっていました。「玄関でお客様をお迎えして」「フロントにご案内し」「今回の予約内容を確認して」「お部屋にご案内する」となっていました。

それを見た筆者は「皆さんのホテルは、会員制ですね。リピーターで成り立っているのですよね。このサービスプロセスのどこで、またこのホテルに来たいなと思ってもらえるのですか」と聞きました。すると、支配人は面目ないとの表情になり、時間をかけて書き直してくれました。今度は、図4・4のようにそれなりに納得感のあるサービスプロセスモデルになっていました。

図4・4をもう少していねいに説明します。はじめに「顧客プロセス」と「提供プロセス」を記入します。その次に、顧客プロセスの左側「顧客の事前期待」の項目を記入します。事前期待は、個別的な事前期待や状況で変化する事前期待を優先して記入すると価値あるサービスプロセスになると思います。そして、提供プロセスの右側には、意識すべき6つの「サービス品質」と「印象」サービス品質を記入します。このモデルを作ったときには、メリハリを付けるために、

サービス品質は優先度を示す「◎」、「○」、「△」の記入はひとつずつというルールで作成しました。まじめなサービススタッフがこの作業に取り組むと、ついつい「◎」が多くなり、すべての品質を頑張ることになってしまい、実践が難しくなってしまうからです。

そして、その右側の「待ちの対応」の項目には顧客プロセスで「待ち」が発生するプロセスの箇所をチェックして明確にした上で、その「待ち」の対応策を記入します。サービスにおける「待ち」は、顧客満足を下げる要因になりやすいので要注意です。

最近、頑張っている居酒屋では入り口で待っているお客様にグラスの生ビールを提供する工夫を見かけます。お客様にとって、これは嬉しいだけでなく、待っている途中で他の店に行けなくなってしまいます。なかなかよく考えられた戦略的なサービスです。

最後に、サービスビジネスを成功させるために必要な「リピート受注」と「顧客紹介」を得るための工夫を書き込んでもらいます。これまでの経験からすると「リピート受注」と「顧客紹介」をサービスプロセスの中で意識して実施しているサービス企業はほとんどありません。このホテルの事例も、最初は何も記入されていませんでした。「リピート受注」と「顧客紹介」がサービスビジネスを成功させるかどうかを決めることは頭では分かっていても、実際のサービスには反映されていないということです。

図4・5にレストランのサービスプロセスモデルを紹介します。このモデルをレストランの

サービス品質

正	迅	柔	共	安	好	印象

⋮

待ちの対応

待	対応

⋮

成功のポイント

リピート	顧客紹介

⋮

図4・3　サービスプロセスモデル（ワークシート）

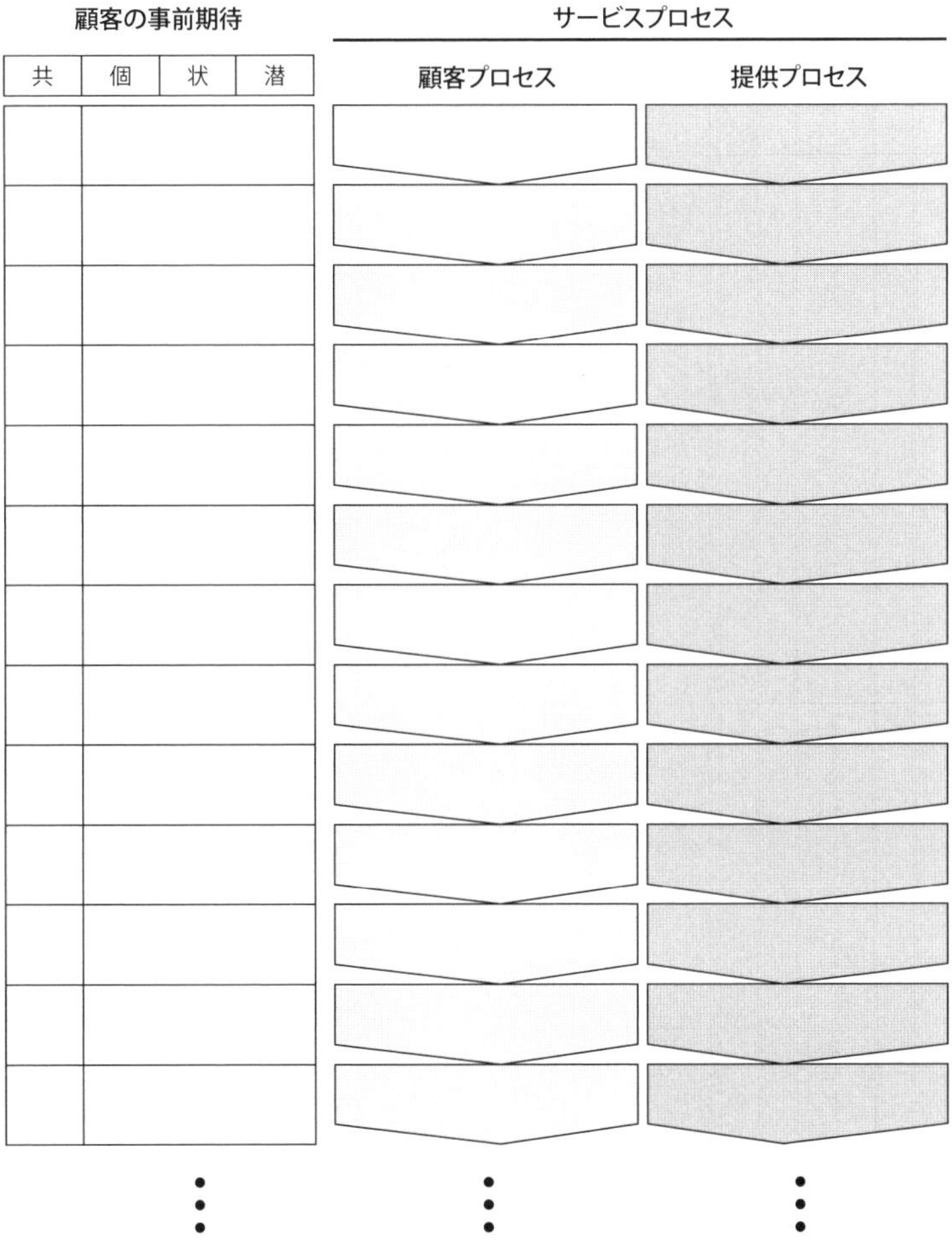

サービス品質

正	迅	柔	共	安	好	印象
			◎	○	△	
			◎	○	△	雨の日は傘を渡す
			◎	○	△	長時間運転を労う
			◎	○	△	
		△	◎	○		価値ある心遣い
			◎	○	△	親しげに対応する
		△	○	◎		
		○	◎	△		
		△	◎	○		特別扱いしている
			◎	○	△	顧客の趣味に合わせる
			◎	○	△	
			◎	○	△	ご休憩をすすめる

⋮

待ちの対応

待	対応
○	同伴者と会話
○	お天気や渋滞情報
△	会話でつなぐ

⋮

成功のポイント

リピート	顧客紹介
いつ以来ですねと気さくに	
本当に嬉しそうに迎える	
気の利いた対応	友人に自慢したい
全スタッフが認識している	
	友人に鼻が高い
顧客の趣味を把握	お得なイベントを紹介
人間関係を重視	とことん顧客中心を貫く

⋮

図4・4 サービスプロセスモデル（会員制ホテル）

共	個	状	潜

顧客の事前期待		ホテルのお迎えのサービスプロセス：顧客プロセス	ホテルのお迎えのサービスプロセス：提供プロセス
個別	丁重な出迎え 名前を呼んでほしい	マイカーまたは送迎車で到着する	笑顔のベルボーイが名前でお迎えする
状況	便利な駐車場に止めたい	駐車場に車を移動する	荷物を受け取り、駐車場所を案内する
共通	ていねいな出迎え	玄関に向かう	改めて笑顔で迎え、長距離運転を労う
個別	適度な会話	フロントに向かう	荷物を持ってフロントに誘導する
潜在	雨の日、乾いたタオル 暑い日、冷たいお絞り	予想しなかったタオルを利用する	場面にあったタオルを提供する
共通	顔見知りのスタッフがいてほしい	フロントでサインする	フロントが笑顔で名前を呼んで迎える
個別	予約通りの条件になっていてほしい	フロントの確認事項を聞く	予約内容（部屋、人数、泊数）を確認
個別	おすすめの料理があるかな	夕食・朝食の内容や時間を決める	食事内容・時間、その他設備の予約を確認
個別	優越感、特別感がほしい	支配人と親しげに会話する	支配人が挨拶する
個別	近隣の観光やイベント情報を聞きたい	スタッフと客室に行く	客室へ案内しつつ、旬の観光を案内
共通	簡潔な客室設備の説明	説明を聞く	設備を簡潔に説明する
共通	用事のある際の連絡先を知りたい	安心して休憩をとる	私の連絡先のメモを渡して戻る
⋮		⋮	⋮

サービス品質							待ちの対応		成功のポイント	
正	迅	柔	共	安	好	印象	待	対応	リピート	顧客紹介
			◎	△	○	親しげに対応する	○	画像で来客を確認する	いつ以来ですねと気さくに	
			◎	○	△	できるだけ希望に沿う			特別扱いしている	
			◎	○	△		○	様子を観察する	前回の注文を覚えている	
			◎	○	△	ていねいに回答する				
		○	△	◎			◎	支配人が挨拶する		友人に自慢したい
			○	◎	△	分かりやすく説明			アレルギーに対応している	とことん顧客中心を貫く
		△	◎	○						
		○	◎	△						
		△	◎	○			○	お急ぎですか?		
			○	◎	△				次回のサービスチケット	
			◎	○	△	親しげに対応する				
			◎	○	△					

⋮ ⋮ ⋮

図4・5　サービスプロセスモデル（レストラン）

顧客の事前期待		レストランのサービスプロセス	
共／個／状／潜		顧客プロセス	提供プロセス
個別	丁重なお出迎え 名前を呼んでほしい	マイカーまたは 徒歩で到着する	笑顔の受付が 名前でお迎えする
個別	好みの席に 案内してほしい	窓際の席を希望する	お客様の好みの席に ご案内する
個別	アドバイスがほしい	メニューを受け取り オーダーを決める	食事のメニューを お渡しする
個別	適切な回答と おすすめ	質問や希望を述べて 注文する	一人ひとりのオーダーを承る
潜在	待ち時間を 有効に使いたい	料理の配膳を待つ	料理を準備する
共通	料理のウンチクを 聞きたい	料理の説明を聞き 印象を述べる	料理を配膳し内容を説明する
個別	タイミングよく 対応してほしい	食事や会話を楽しむ	ドリンクなどの追加注文を 確認する
共通	食事が終わったことに 気付いてほしい	食事の完了を告げ 精算を要求する	食事の完了を確認する
個別	優越感、 特別感がほしい	食事のお礼を述べて 請求書を受け取る	料金を計算して請求する
個別	今月や来月の イベントを知りたい	スタッフとレジに行く	レジに案内し料金を回収する
共通	顧客の声に 敏感に反応してほしい	食事の感想とお礼を述べる	ご利用のお礼を述べて 次の来店をすすめる
共通	ていねいなお礼と 笑顔の見送り	帰宅する	笑顔でお客様をお見送りする
⋮	⋮	⋮	⋮

オーナーが一人で作るのではなく、お店のスタッフといっしょに作ることが大切です。このモデルを使って議論すると、お店の関係者全員のサービスプロセスの理解が大いに進むと思います。

何社ものクライアントで、このサービスプロセスモデルを作成して実践してもらいましたが、大きな成果につながっています。サービスの議論はいくらでもできるのですが、サービスの具体的な改善にはつながりにくいものです。サービスプロセスモデルを使ってサービスを議論して設計してもらうと、どこに問題があるかが明白になります。サービス改善の議論を積み上げ型にできるのが、大きなメリットだと思います。

ここまでで、サービスプロセスを磨くことによる価値は理解できました。次は、事前期待に応えることによる価値について解説します。

Ⅴ

サービスの価値は「共通的な事前期待に応えることによる価値」と「個別的な事前期待に応えることによる価値」から作られる

1 共通的な事前期待だけに応えると、サービスは標準化でき効率的なサービスになる

図5・1の左側のサービスの価値は、すべてのお客様にとって共通的な事前期待を定義し、これに応えるものです。**図5・2**のように標準顧客のペルソナを定義して、そのお客様に喜んでいただけるサービスを実現していきます。

例えば、代表的な公共サービスのひとつであるゴミ収集サービスは、これにあたるでしょう。決められた日時に決められた場所にゴミ収集に行き、取りこぼしなくゴミを収集するとミッションは完了します。一人ひとりの住人の要求に応えていたのでは効率が悪すぎて、乏しい租税収入でそのコストをカバーすることはできません。ラッシュ時の鉄道サービスや年賀状の集配サービスもこのスタイルが一番合っていると思います。一般的にローコストで大量の処理が必要な公共サービスは、このスタイルが適しているでしょう。

世の中の多くのサービスは、サービス提供者の勝手な都合で作られており、お客様の共通的な事前期待に応える努力がなされていません。これでは、満足度の高いサービスになるわけがありません。お客様の共通的な事前期待にしっかり応えるためには、標準顧客像を定義しなけ

図5・1　サービスの価値は、共通的な事前期待に対応する価値と個別的な事前期待に対応する価値に分類できる

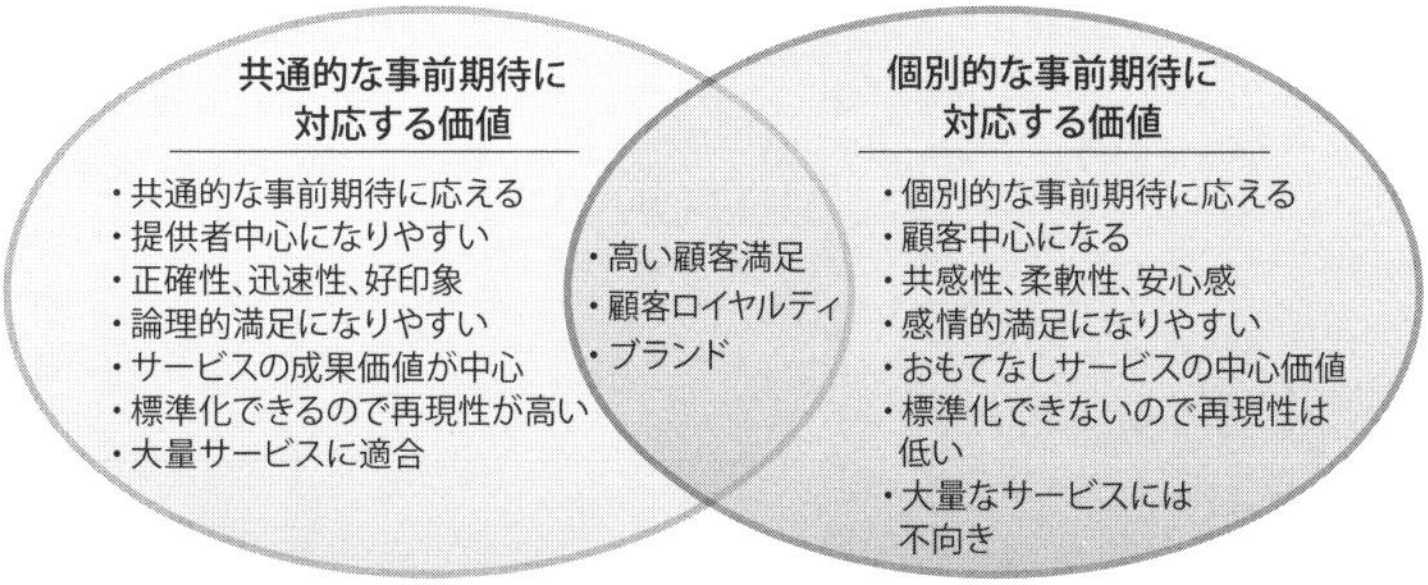
共通的な事前期待に対応する価値
・共通的な事前期待に応える
・提供者中心になりやすい
・正確性、迅速性、好印象
・論理的満足になりやすい
・サービスの成果価値が中心
・標準化できるので再現性が高い
・大量サービスに適合
・高い顧客満足
・顧客ロイヤルティ
・ブランド
個別的な事前期待に対応する価値
・個別的な事前期待に応える
・顧客中心になる
・共感性、柔軟性、安心感
・感情的満足になりやすい
・おもてなしサービスの中心価値
・標準化できないので再現性は低い
・大量なサービスには不向き

図5・2　標準顧客の共通的な事前期待に応える価値

マーケティング
アンケート調査
顧客調査
観察調査
標準顧客を定義
共通的な事前期待
共通的な事前期待に適合するサービスを提供する。
（正確性、迅速性、好印象）

ればならず、かなりの調査と分析が必要であり、実現するのはそう簡単なことではありません。

しかし、いったん標準顧客像が定義できると、このスタイルのサービスは、手順が標準化できるため、サービススタッフの教育も比較的容易で、再現性の高い効率的なサービスを実現できます。お客様からすると、正確で迅速で安価なことがこのサービスの価値になります。そして、この

サービスに必須のサービス品質は、正確性と迅速性です。ただし、もう少しサービス要素に力が入っているサービス業では、サービススタッフの好印象も競争の対象になっているでしょう。

しかし、ハイレベルなサービスを共通的な事前期待だけに応えるスタイルにしてしまうと、「サービス提供者に都合のよいサービス」という印象が強くなってしまいます。そのため、お客様には論理的な満足しか与えられず、リピートオーダーにつながりにくいというリスクがあると思います。

2 個別的な事前期待に応えると感情的満足が生まれ、おもてなしサービスにつながる

筆者がサービスにとって、もっとも重要だと思うのが図5・1の右側の価値です。お客様は一人ひとりがそれぞれ異なった事前期待を持っています。例えば「熱燗」が好きな人がいれば「ぬる燗」が好きな人もいます。「硬めのごはん」がいい人がいれば「やわらかめのごはん」がいい人もいます。この微妙に異なる事前期待を感じ取り、それに応えるのがこのサービスの価値

です。この場合、標準顧客のペルソナは定義せず、**図5・3**のように一人ひとりのお客様に対応したサービスを実現します。このためには、一人ひとりのお客様の事前期待を把握しなければなりません。

サービス提供者がお客様の個別的な事前期待をつかむためには、まずはコミュニケーションが大切です。お客様から本音の期待を聞きだすためには、洗練された問いかけが必要です。

例えば、少し普段と様子が違うように見えるお客様に「今日はお急ぎですか」と尋ねる質問は自然でまったく嫌な感じは受けません。就業時間内に取引先の知人に電話した際に「今、大丈夫ですか」と尋ねるのも同じことだと思います。このような洗練

図5・3 個別的な事前期待に対応する価値

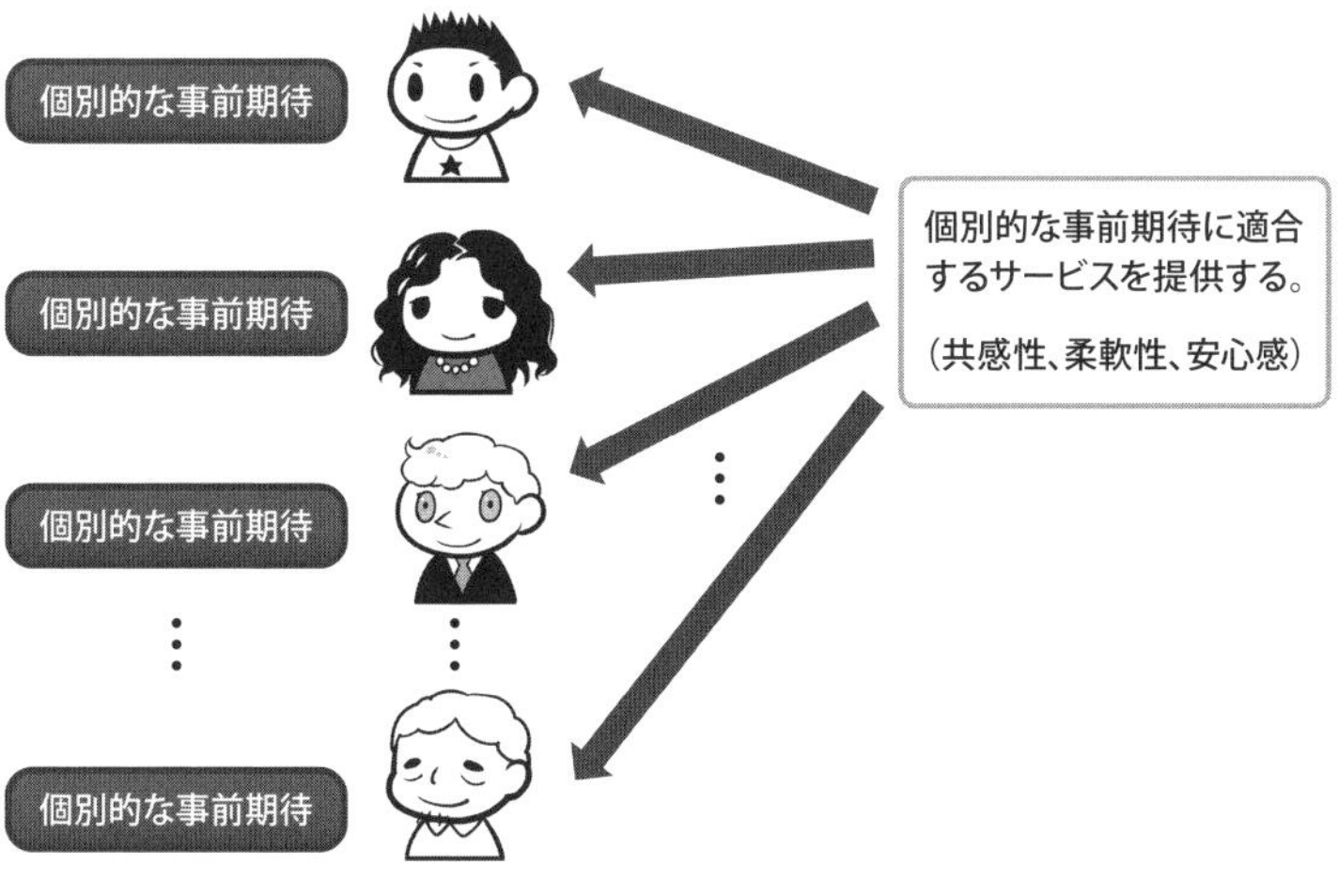

された問いかけをいくつか用意しておき、サービススタッフがこれを使い分けるとお客様によい印象を与えられるでしょう。

ところが、サービスの種類によっては、お客様が率直に答えにくかったり、問いかけられること自体を煩わしく思うような内容もあります。このような場合に有効なのが〝観察〟です。食事の途中で周りを見回しておられるお客様は、レストランスタッフに何か用事がある可能性が高いと思うべきでしょう。食事が終わった直後に中年のご婦人がハンドバッグを開けられたときは、薬を飲まれる可能性が高いでしょう。このときに、さっと白湯をお持ちして「よろしければお使いください」と差しだすと感動サービスになるかもしれません。

お客様を観察して、お客様の個別的な事前期待を把握して俊敏に反応できると、お客様に大きな価値を感じていただけるでしょう。このサービスは、お客様の個々の期待にきめ細かく応えていくため、お客様に感情的満足を感じていただける可能性が高いでしょう。「行動観察」は、お客様の事前期待を把握するための極めて有効な方法です。すべてのサービス関係者に学んでいただきたいと思います。

また、サービススタッフ全員がそれぞれのお客様の個別的な事前期待に応えやすくするためには、スタッフの観察や記憶に頼るだけでなく、顧客カードや顧客データベースを作成し、お客様の好みなどを記録してスタッフ全員で共有できるようにする取り組みが必要です。

3 お客様を事前期待で分類すると、個別的な事前期待に応えやすくなる

サービスによってはお客様の数が膨大すぎて、一人ひとりの個別的な事前期待を感じ取って、それらに対応することが難しいサービスもあります。この場合は、お客様を事前期待の分類軸でセグメンテーションする方法が有効です。

図5・4は、ある自動車損害保険会社の顧客セグメンテーションの事例です。まず、自動車損害保険に対するお客様の個別的な事前期待をブレーンストーミングなどで抽出していきます。例えば「できるだけ安い保険に入りたい」「無事故の翌年の値引き率が高い保険がよい」「どんな事故でも補償してほしい」など、20個から30個の個別的な事前期待をリストアップします。次に、これらの事前期待を組み合わせて、お客様の事前期待の分類軸を10本ほど作ります。そして、できあがった分類軸を3つか4つに絞り込みます。

自動車損害保険を契約する際のお客様の事前期待では、3つの分類軸になりました。まずは、「できるだけ安心できる保険に入りたい」と「そこそこ安心できる保険でいい」です。次に「安心できるなら高価でもよい」と「なるべく安価がよい」の分類軸です。そして最後は「保険内容はあなた(代理店)に任せる」と「保険内容を理解して納得したい」の分類軸です。

図5・4　損害保険会社の顧客セグメンテーション

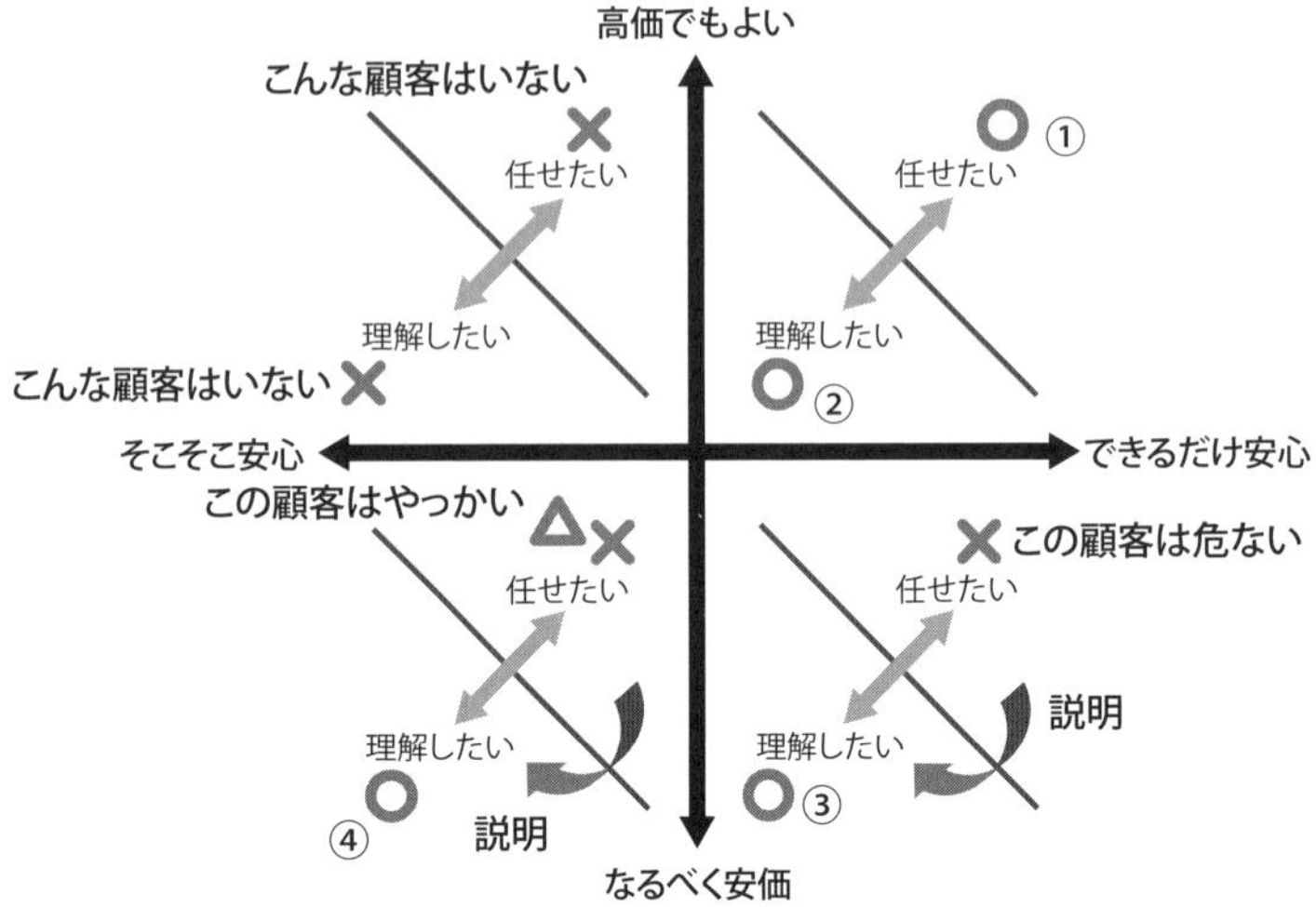

この3つの分類軸でセグメンテーションしたのが図5・4です。この図の左上は「そこそこ安心で高価でもいい」ですが、このような事前期待を持つお客様は一人もおられません。次に右上の「安心できるなら高価でもよい」のお客様で「保険内容はあなたに任せる」と「保険内容を理解して納得したい」はどちらもおられます。今度は、右下です。実は「できるだけ安心で、なるべく安価がよい、保険の内容はお任せです」というお客様は、実際の現場にもおられます。でも、このお客様と契約を結ぶと、何かの事故があったときにトラブルになってしまいます。したがって、このタイプのお客様には、ていねいに説明を聞いていただき、

図5・5 損害保険会社の顧客セグメントとサービスのあり方

顧客セグメント	成果／プロセス	必要なこと	提供情報	サービス品質
①できるだけ安心 高価でもよい 契約は任せたい	プロセス品質重視（信頼感、ていねいさ）	ブランドと信頼関係	事故対応の安心事例	安心感 共感性 好印象
②できるだけ安心 高価でもよい 契約は理解したい	成果品質重視 できるだけ安心	知識、情報で安心を醸成	事故対応の詳細な説明	安心感 正確性
③なるべく安心 安価がよい 契約は理解したい	成果品質重視 なるべく安心	知識、情報で納得感を醸成	価格比較情報 対応実績説明	安心感（安心、安価）正確性
④安心より 安価がよい 契約は理解したい	成果品質重視 できるだけ安価	知識、情報で期待を圧縮	価格比較情報	正確性（安価）

保険内容を理解していただけたら契約するという形にすべきです。どうしても、理解していただけない場合は、契約を諦めるべきでしょう。左下も右下とほぼ同様です。

こうしてみると、最終的に残るのは4つのセグメントになります。これを整理すると**図5・5**になります。

それぞれの顧客セグメントごとに提供すべき情報や意識すべきサービス品質が大きく異なることが分かります。これまでは、一律に営業活動していたのをセグメントによって提供するパンフレットの種類を替えたり、説明のトーンを変えることになりました。すると、営業効率が大きく向上したそうです。

図5・6　会員制ホテルの顧客セグメンテーション

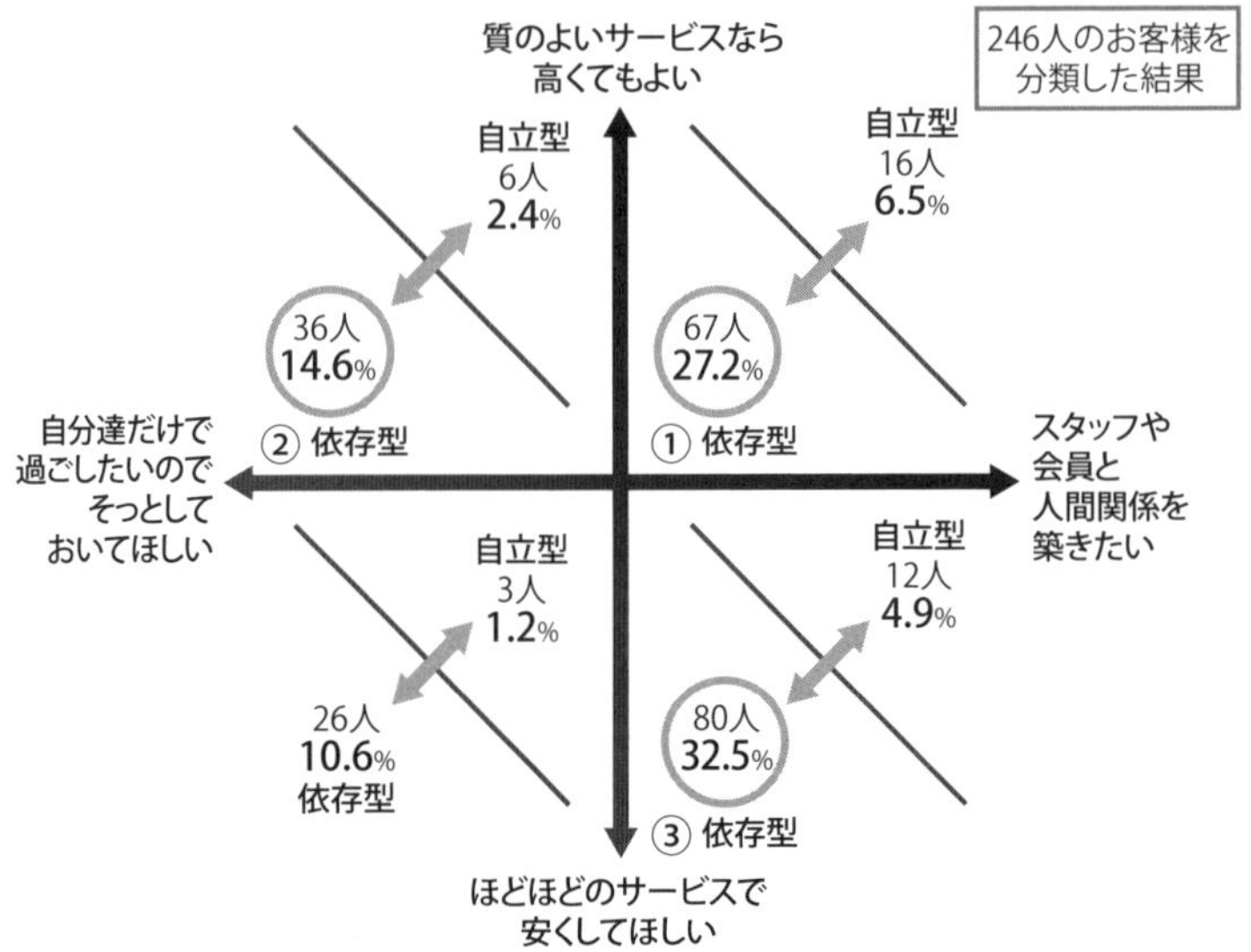

　次に、ある会員制ホテルチェーンの事例を**図5・6**に示します。このホテルチェーンのお客様は、バブル時代に会員になられた方が多いので、平均年齢が70歳前後だそうです。ホテルの支配人に集まってもらい、ブレーンストーミングでお客様の分類軸を抽出しました。15本以上の候補の中から、まず「これはいらない」と思われるものを消去しました。そして、残った分類軸から価値あるものを選択していきました。

　まず選ばれた分類軸が「価値あるサービスなら高価でもよい」と「ほどほどのサービスでよいので安価で

あってほしい」でした。この分類軸は多くのサービス業の顧客分類に使われるものです。次に選ばれた分類軸が「スタッフや会員と新しい人間関係を作りたい」と「自分たちだけで楽しむのでそっとしておいてほしい」でした。私は、この分類軸に驚きました。支配人の説明を聞くと、大半の会員はすでに仕事をリタイアされた方々であり、普段の生活では新しい人間関係がほとんどできないのだそうです。そこで、ホテルライフで新しい人間関係を求めておられるとのことでした。当然の話ですが、「いっしょに来た家族だけで楽しみたいので、そっとしておいてほしい」という会員もおられます。そして、最後に選ばれた分類軸が「自分から行動する」と「お世話してほしい」でした。この3本の分類軸で図5・6のようにお客様を分類してみることになりました。あるホテルの会員246人の個人名をマッピングしてもらうと、図5・6のように3つのセグメントが中心になることが分かりました。

1．人恋しくてお世話してほしいセレブ

- お客様は新しい人間関係を作りたいので、ぜひともお世話してほしいと思っている。また、そのためなら費用がかかっても構わないと思っている。
- スタッフがこのお客様をロビーで見かけたら、近寄って積極的に話しかける。
- 支配人やスタッフは、ゴルフや料亭などでお客様に友人候補を紹介する。

2．人好きではないがお世話してほしいセレブ

・お客様は、家族だけで楽しめるようにお世話してほしいと思っている。そのためには、費用がかかっても構わないと思っている。
・スタッフは、このお客様をロビーで見かけたときは、にこやかに会釈だけして、お客様から声がかかるのを待ち、こちらからは声を掛けない。
・お客様から声を掛けられたら、満足できる食事や価値あるイベントをご紹介する。

3．人恋しくてお世話してほしい節約家

・お客様は、新しい人間関係を作りたいので、ぜひともお世話をしてほしいと思っている。ただし、予算のかからないプランが嬉しいと思っている。
・スタッフがこのお客様をロビーで見かけたら、近寄って積極的に話しかける。
・支配人やスタッフは、費用のかからない散歩やハイキングで友人候補を紹介する。

毎日の朝礼時に、今日のお客様のタイプをホテルのスタッフ全員で確認すれば、お客様に喜んでいただけるサービスをきめ細かく提供できるでしょう。

もうひとつ個別的な事前期待に応える施策の成功事例を紹介します。あるとき、衛星放送の

W社の幹部の方から相談を受けました。「当社は、コールセンターで新規会員の申し込みを受け付けているのですが、1回の電話で契約まで行く割合が二十数パーセントしかありません。これは、おかしいと思いませんか」ということでした。W社のコールセンターは歴史もあり、しっかりと教育もされており、サービスレベルの低いコールセンターではありません。

この依頼を受けて調査することになりました。W社は、初めて契約される手元に入会のパンフレットを持っておられないお客様など、対応の難しいお客様のペルソナを定義して、このお客様でも誤解が生じない対応を実践していました。ところが実際に調べてみると「ヘビーリピーター」のお客様が多数おられることが分かりました。分かりやすいケースは、テニスの4大大会のある月に入会し、終わったら退会されるお客様です。こうしたお客様は、何年にもわたり年4回の入退会を繰り返しておられるわけです。W社のオペレータは、このお客様にも初心者のようにていねいに説明していました。するとお客様によっては、気分を害され途中で電話をお切りになることがありました。このタイプのお客様には「いつもありがとうございます。ウインブルドンで錦織圭さんがベスト4に入れるといいですね」くらいの対応が正しくて、契約内容や料金の説明はいらないわけです。

このようにお客様を分類すると、5つのセグメントになりました。そして、そのセグメントに合った説明の仕方にトークスクリプトを変えることになりました。すると契約締結率が大幅に向上し、普通の月で50％アップし、有力なコンテンツがリリースされる月は１００％アップしました。多くの企業が営業の成約率を2～3％上げるために涙ぐましい努力をしています。営業の成約率とは少し異なるかもしれませんが、お客様の個別的な事前期待に応えることが、これほど効果が高いのだということを思い知らされた事例です。

この個別的な事前期待に含めてもよいものに「状況で変化する事前期待」があります。「はじめに」にも記した例ですが、私に行きつけのレストランがあったとします。そこに行くと飲み物はいつも最初から赤ワインを注文していました。ところが、少し汗ばむ初夏の頃にレストランに入ると、マスターが私の顔を見るなり「諏訪さん、今日は生でしょう」とジョッキを持つスタイルで生ビールを薦めてくれました。この日の気分にドンピシャだったので、感動しました。これが「状況で変化する事前期待」に応えるということです。

この「状況で変化する事前期待」は、顧客カードや顧客データベースでは管理できません。サービスによって異なると思いますが、天候や気温、曜日、時刻など「状況で変化する要素」を抽出し、それぞれの変化に対応するサービスのあり方をチェックリストにまとめておきます。そして、ときどきサービススタッフでロールプレイング形式のトレーニングを実施すれば、この期待にも対応できるようになると思います。

ただし、これらの個別的な事前期待に応えるサービスは標準化できないため、大量で低価格なサービスには不向きです。そのようなサービスには、共通的な事前期待だけに応える標準サービスが向いているでしょう。

個別的な事前期待に応えるサービスに必要な品質は、共感性と柔軟性そして安心感です。お客様に常に関心を持ち、お客様の個別的な事前期待を把握するためには、まず共感性の発揮が必要です。そして、事前期待を理解したら、想定を超える期待にはできる限りの柔軟性を発揮して、その期待に応えます。また、お客様が大きな不安を感じておられるなら、安心感を働かせて不安を解消することが肝要です。

4 お客様の事前期待をマネジメントして、サービスの価値を高める

ここまで「サービスの価値を高めるためには、お客様の事前期待に応えなければなりません」と書いてきました。これとは別に、少し高度な取り組みですが、「お客様の事前期待をマネジ

メントして顧客満足を高める」という方法もあります。

オムロンの保守サービス会社の「お客様の声」という掲示板を見ていると、コール受付から1時間しか経っていないのに、ある鉄道会社のお客様から督促苦情が入っているのに気が付きました。この会社との契約では、3時間以内の修理完了となっていることを知っていましたので、おかしいと思いました。確かめてみると、鉄道会社との保守サービス契約内容が更新され、年間保守料金を値下げする見返りに、修理完了までの時間を3時間に延ばすことになったのですが、現場の駅員さんにこのことを周知できていないことが分かりました。このため駅員さんは、契約条件に対して過剰な期待を持っていたわけです。

このケースでは、コールセンターが修理依頼を受け付けたとき、最後に「御社との契約は3時間以内の修理完了となっていますので、現在9時ですから12時までに修理が完了するよう最善を尽くします」と伝えるようにしました。故障の電話を受け付けるたびに更新された契約内容をお客様と確認し、過剰な期待を抑えることで、理不尽な督促苦情をすべてなくすことができました。これは、言われなき不満足を満足に変える、賢い事前期待のマネジメントの事例だと思います。

伝統ある京都の料亭では「お口に合いましたら、ええんですけど」ときれいな京都弁で話しながら、一品目の料理を出してくれます。本当は自信満々なのでしょうが、謙虚にこう言われると、より美味しく感じてしまいます。サービス時の謙虚な姿勢は、お客様の事前期待を膨らませない効果があります。たぶん意識はされてないと思いますが、事前期待のマネジメントを上手に実践されているのでしょう。さすが、伝統文化の町、京都です。

また、システム構築サービスの営業担当者は、商談の初期には大風呂敷を広げて「どんなシステム仕様でも当社の開発部門に実現させます」と主張します。しかし、お客様の予算金額が見えてきて受注できそうになってくると、賢い営業担当者であれば受注金額に合うように風呂敷をたたみ始めます。具体的には、システム構築を2ステップに分けて提案し直し、第1ステップは、お客様のＩＴリテラシーのレベルで使いこなせる仕様で、お客様の希望の予算でまかなえるようにします。ダメな営業担当者は、そのまま突っ走り大赤字のプロジェクトを誕生させてしまいます。この「風呂敷をたたむ」ことは、膨らんでしまったお客様の事前期待を縮めて予算にシステム仕様を合わせる事前期待のマネジメントの例です。

サービスビジネスの現場では、サービス料金と比較してお客様の事前期待が過剰に膨らんで困っている事例が多いと思います。しかし、サービスの現場をよく観察してみると、事前期待のマネジメントの方向は、**図5・7**のようにさまざまなものがあることが分かりました。筆者

図5・7　事前期待のマネジメントの方向

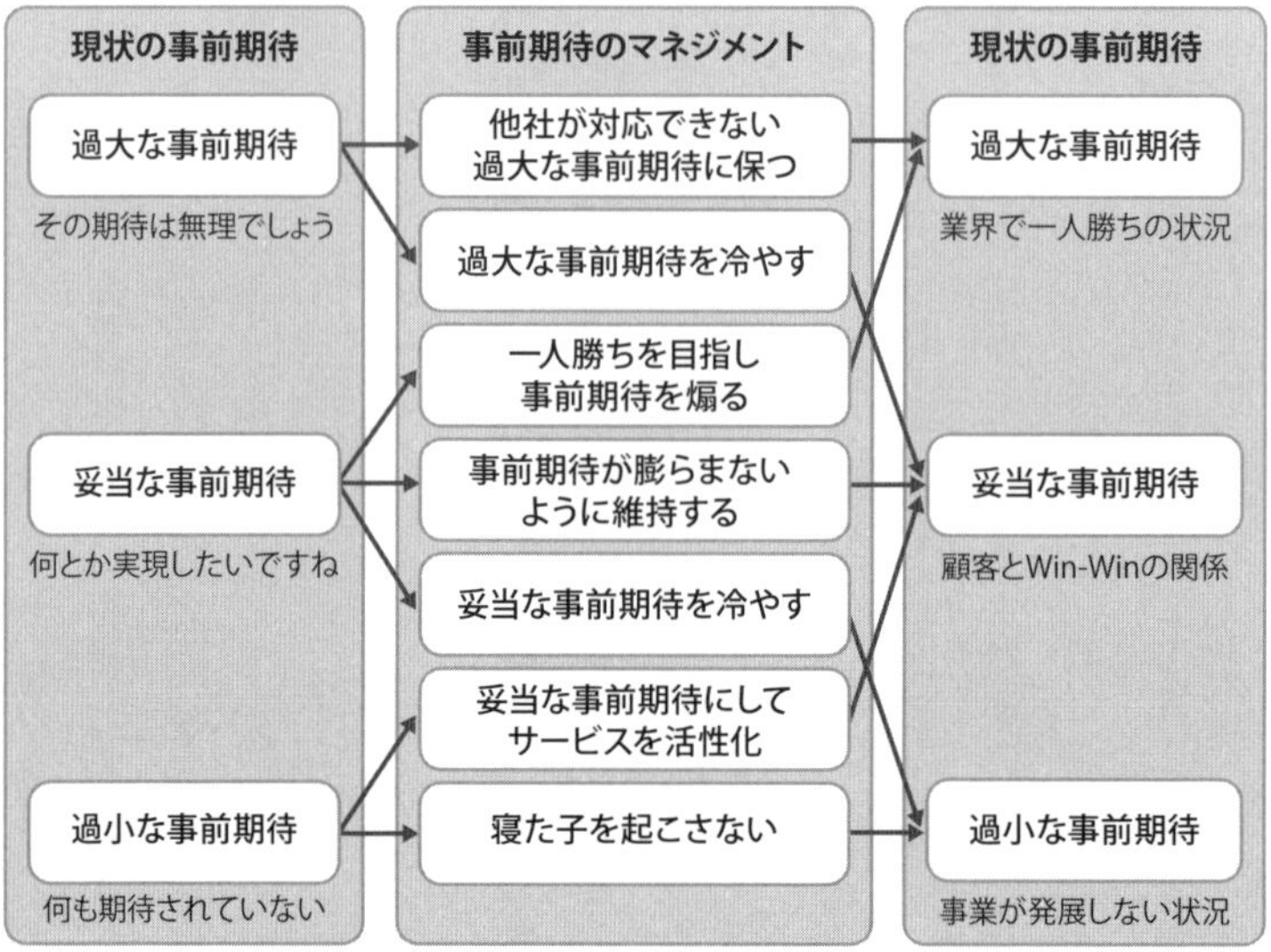

のサービス研究の仲間に、分譲マンションの管理会社の役員がいました。彼はサービスの研究が大好きなのですが、「この事前期待のマネジメントだけは理解できない」と言い出しました。よくよく話を聞いてみると、彼が悩んでいたのは「お客様の過小な事前期待」だったのです。分譲マンションの住人は、無事に暮らしている限り10年経ってもマンション管理会社のコールセンターに一度も電話をかけることがありません。

　つまり、「マンション管理会社が価値ある住人向けサービスをいくら用意しても、それを使ってくれない」というわけです。そこで、彼はマンション管理会社が提供できるすべてのサービスを分かりやすくパンフレットにして、管理しているマンションの全戸に投げ込みました。加えて、新しいサービスをリリースする際には、マンションの管理組合の集まりに出向いて説明するようにしたそうです。これらは、お客様の過小な期待を少し膨らませ、マンション管理会社に期待を持ってもらえるようにするためです。この活動は徐々にですが、効果を上げてきていると言っていました。

十数年前には、故障したパソコンの現地修理を依頼すると、3～4日待たされるのが普通でした。会社によっては、故障したパソコンを販売店に持ち込んだり、メーカーに送付して修理する方式しかやっておらず、10日以上待たされることもありました。このようなご時世に、D社は当日や翌日の現地修理サービスを始めました。かなりのマーケットシェアを持っているメーカーがこのようなサービスを始めると、パソコンユーザーは3～4日待たされることを我慢できなくなりました。この結果、パソコンの買い直し需要がD社に集中するようになりました。これは、当時妥当だった「3～4日待たされても仕方がない」という事前期待を「パソコンもその日のうちに直してほしい」という当時では過剰な事前期待にまで高め、その期待に応えられるD社が一人勝ちを狙ったのだと思います。事前期待のマネジメントは、奥の深いテーマです。

この事前期待のマネジメントによく似たものに、サービス提供者がお客様のリテラシーをマネ

図5・8　事前期待のマネジメントの拡張

主体者		
サービス提供者	顧客の事前期待のマネジメント	顧客の事前期待を下げることにより、顧客満足度を高めたり、Win-Winの関係を作る
	顧客のリテラシーのマネジメント	顧客の知識（リテラシー）を増したり、間違いを正すことにより、顧客満足を高める
	顧客の判断基準（価値観）のマネジメント	顧客の判断基準を変化させることにより、顧客満足を高める
顧客	サービス提供者の事前期待のマネジメント	顧客がサービス提供者をほめたり、感謝を示すことにより、サービス提供者のやる気を高めて顧客満足を得る
	サービス提供者のリテラシーのマネジメント	顧客がサービス提供者のリテラシーを高めることにより、結果として顧客満足を得る
	サービス提供者の判断基準（価値観）のマネジメント	顧客がサービス提供者の判断基準を変化させることにより、やる気を高めて顧客満足を得る

ジメントして、高い顧客満足を実現することがあります。例えば、ワインや食べ慣れていない外国料理について、お客様に価値ある知識を提供すると、今日の食事をより楽しく味わっていただくことができ、顧客満足を高めることができます。これは、リテラシーのマネジメントによる顧客満足の向上です。

ここまで話したのは、サービス提供者がお客様の事前期待やリテラシーをマネジメントする話です。注意深くサービス現場を観察してみると、**図5・8**のようにお客様がサービス提供者の事前期待をマネジメントすることもあります。例えば、お客様がサービススタッフを誉め、いかに感謝しているかを態度に示すと、サービススタッフはやりがいを感じてモチベーションが高まり、さらによいサービスを提供してくれるでしょう。さらに、競争相手のお店の価値あるサービスを教えてあげると、負けないように

図5・9　事前期待のマネジメントの具体例

・サービス提供者が顧客の事前期待をマネジメントする ──顧客の過大な事前期待を上手に冷やす(契約内容を再確認する、……) ──若干余裕を持った目標を設定して、顧客に伝える(到着時間、……) ──顧客にサービスを提供する前に、うまくいかない可能性を伝えておく
・サービス提供者が顧客のリテラシーをマネジメントする ──料理の味わい方やワインの特徴を理解してもらい、食事の満足を高める ──既存顧客に知恵や価値ある知識を提供してリテラシーを高めて、よりよい関係を継続する ──顧客のリテラシーに見合った知識を提供して満足を高める(華道、茶道、書道、俳句、……)
・サービス提供者が顧客の判断基準(価値観)をマネジメントする ──現状で他社のサービスより、よいサービスを提供していることを理解してもらう ──価格ドットコムのような他社比較情報や他の顧客の評価情報をオープンにする ──顧客に提供サービスについてのイメージを正しく持ってもらう
・顧客がサービス提供者の事前期待をマネジメントする ──顧客がサービス提供者を誉めたり、感謝したりして、サービス提供者のやる気を高めて、顧客満足を得る
・顧客がサービス提供者の事前期待をマネジメントする ──顧客がサービス提供者に価値ある知識を提供してリテラシーを高めることにより、結果的に顧客満足を得る
・顧客がサービス提供者のリテラシーをマネジメントする ──顧客がサービス提供者に他社の頑張り度を伝えて、サービスレベルを上げることにより、顧客満足を得る

頑張ってくれることもあります。これも事前期待のマネジメントのひとつです。

このように、顧客がサービス提供者に価値ある情報を提供してサービス提供者のリテラシーを高め、結果として顧客の満足が高まるのは、顧客による「サービス提供者のリテラシーのマネジメント」です。

より分かりやすくするために、事前期待のマネジメントの具体例を**図5・9**にまとめてみました。この事例を参考に皆様のサービスの事前期待のマネジメントを具体化してください。

5 「サービスの成果とプロセス」と「共通的な事前期待と個別的な事前期待」の4つの分類軸で世の中のサービスを分類すると大切なことが見えてくる

第4章と第5章に記してきた「サービスの成果による価値」と「サービスプロセスを磨くことによる価値」そして「共通的な事前期待に応えることによる価値」と「個別的な事前期待に応えることによる価値」をそれぞれ大小の分類軸で区分けし、世の中のサービスを分類してみると、**図5・10**のようになりました。

Ⓐの「優れたアミューズメントパーク」や「三ツ星レストラン」や「五つ星ホテル」などは、4つの区分けがすべて優れており、当然最高の評価を得るサービスになっています。結婚式場や病院なども、このエリアを目指すべきだと思います。

しかし、すべてのサービスがこのエリアを目指すべきではないことが分かりました。例えば、Ⓑの「お任せメニューの高級料亭」や「歌舞伎」などは、お客様の共通的な事前期待に徹底的に応え、素晴らしく美味しい料理や素晴らしい演技の成果を提供しますが、お客様の個別的な事前期待に応えることはしていません。つまり、このポジションが完成形なのだと思います。

Ⓒの「音楽会」「スポーツ観戦」「水族館」「美術館」「博物館」は、お客様の個別的な事前期待を

あまり意識せず、サービスプロセスもそれほど意識していないでしょう。お客様の共通的な事前期待を明確にして、すべてのお客様に喜んでいただける大きな成果を提供しているのだと思います。このポジションがコンテンツ提供型サービスの目指すべきポジションなのかもしれません。

Ⓓの「難病医療」や「ホスピス」は、病気を治すという大きな成果は目指していませんが、患者や家族の共通的な事前期待と個別的な事前期待に徹底的に応え、素晴らしいホスピタリティを発揮するサービスプロセスを実現しているのだと思います。

また、Ⓔの評判のよくない「病院」や「役所」や「大学」などは、いうまでもありませんが、このポジションを脱して、右上を目指すべきです。ところが、「ゴミ収集」や「コインロッカー」や「コインランドリー」などの安くて便利なサービスは、このポジションが目指すべきゴールなのだと思います。ただし、コインランドリーでは別料金を支払うと「洗濯・乾燥・たたみ」までやってくれるサービスが始まっているようです。これは、サービスの成果の拡大です。

Ⓕの「設計」や「デザイン」や「注文服」は、大きな成果を提供し、共通的な事前期待にも個別的な事前期待にも応えています。しかし、現状はサービスプロセスを意識せず、できあがった成果だけをアピールしています。もう少しサービスプロセスを意識して、デザインが完成するまでのプロセスを見える化し、お客様にデザインプロセスの魅力をアピールすると、さらに高

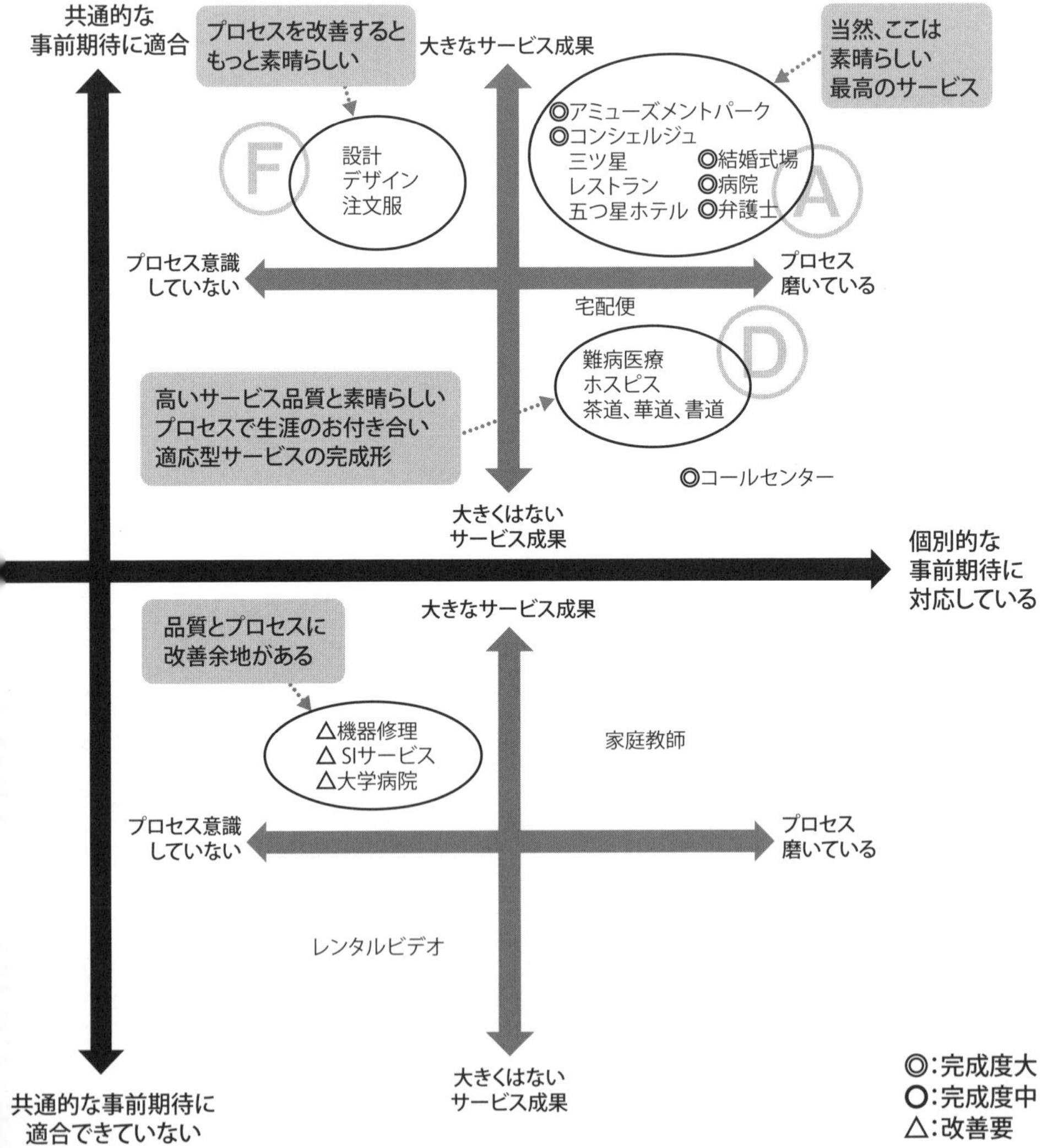

(本4分類軸は、多くのサービスが妥当に分類でき、改善点が明確になる)

図5・10　現実のサービスを4要素で分類する(1)

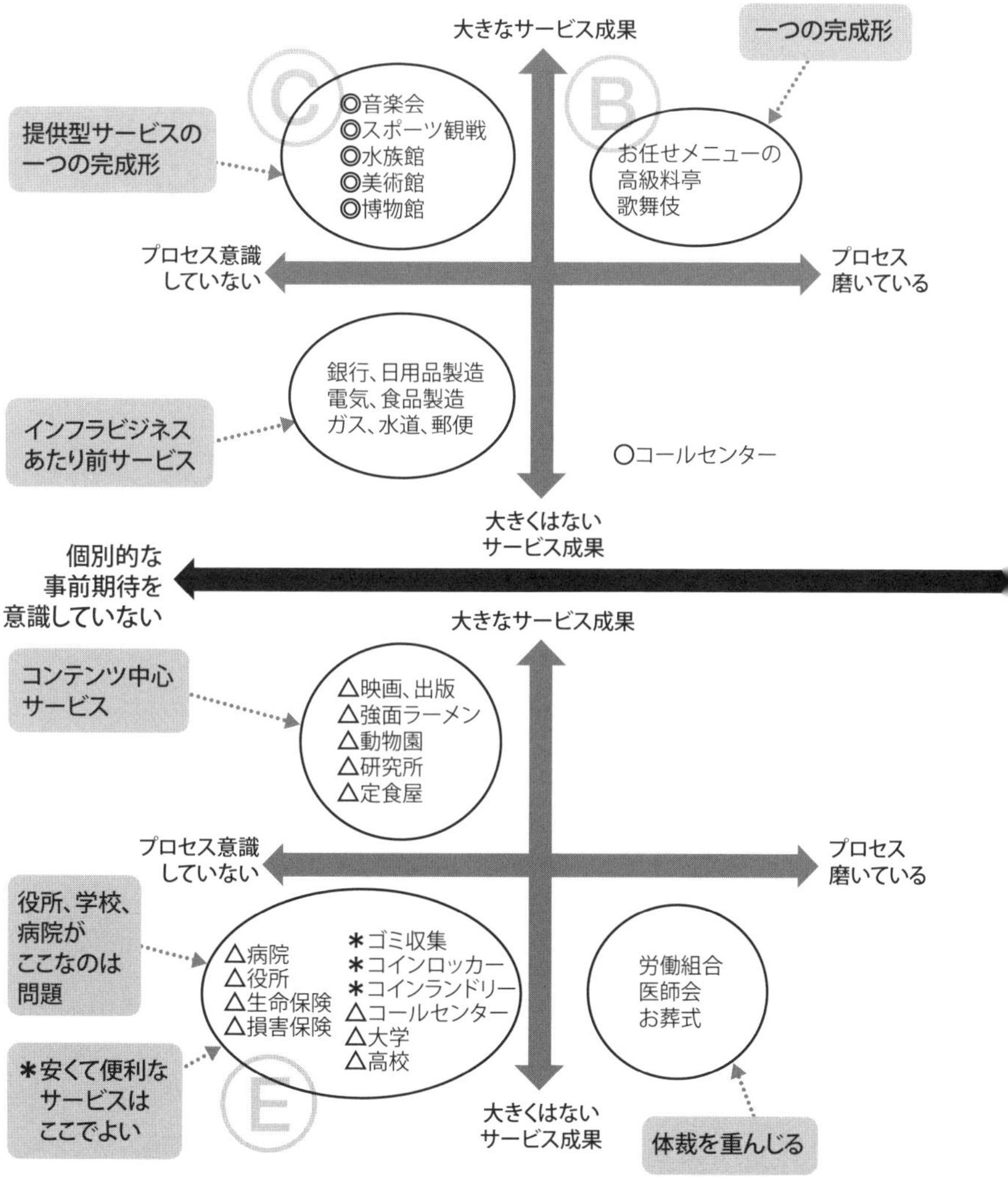

い顧客満足を得られるでしょう。

自社のサービスを図5・10にマッピングしてみると、サービスの改善の方向が明確になると思います。ぜひともトライしてください。

例として、オフィス街に開店して3年経ったイタリアンレストランのサービスの価値を高めていくことにしましょう。同店は、スタッフを教育して最小限のメニューでなんとか運営することができるようになり、やっと店が軌道に乗りつつあるとはいうものの、売り上げ、利益ともに厳しい状況にあります。同店の4つのサービスの価値は、どれも「イマイチ」で自慢できるサービスレベルには達していません。現状は、残念ですが**図5・11**の①にプロットされます。

そこで、オーナーシェフは図5・2（77ページ）のように標準顧客を定義して、まずは共通的な事前期待に応えられる店にしようと考えました。お客様を観察し、お客様との会話から同店の標準顧客は、二人や三人連れの20歳代後半から30歳代の女性であるとの結論になりました。彼女たちは、「ランチは1500円以内の価格帯でヘルシーな食事を楽しみたい」と思っており、普段から不足気味の野菜を補いたいようです。ランチコースはスープかサラダを選択していただくスタイルで運用してきましたが、両方を希望するお客様が多いことが分かりました。そこで、パスタやピザのボリュームを少し下げて、たっぷりのサラダにカップスープを付けることにしました。この共通的な事前期待に応える改善により、お客様の評価は高まり、ポジショ

図5・11　現実のサービスを改善する

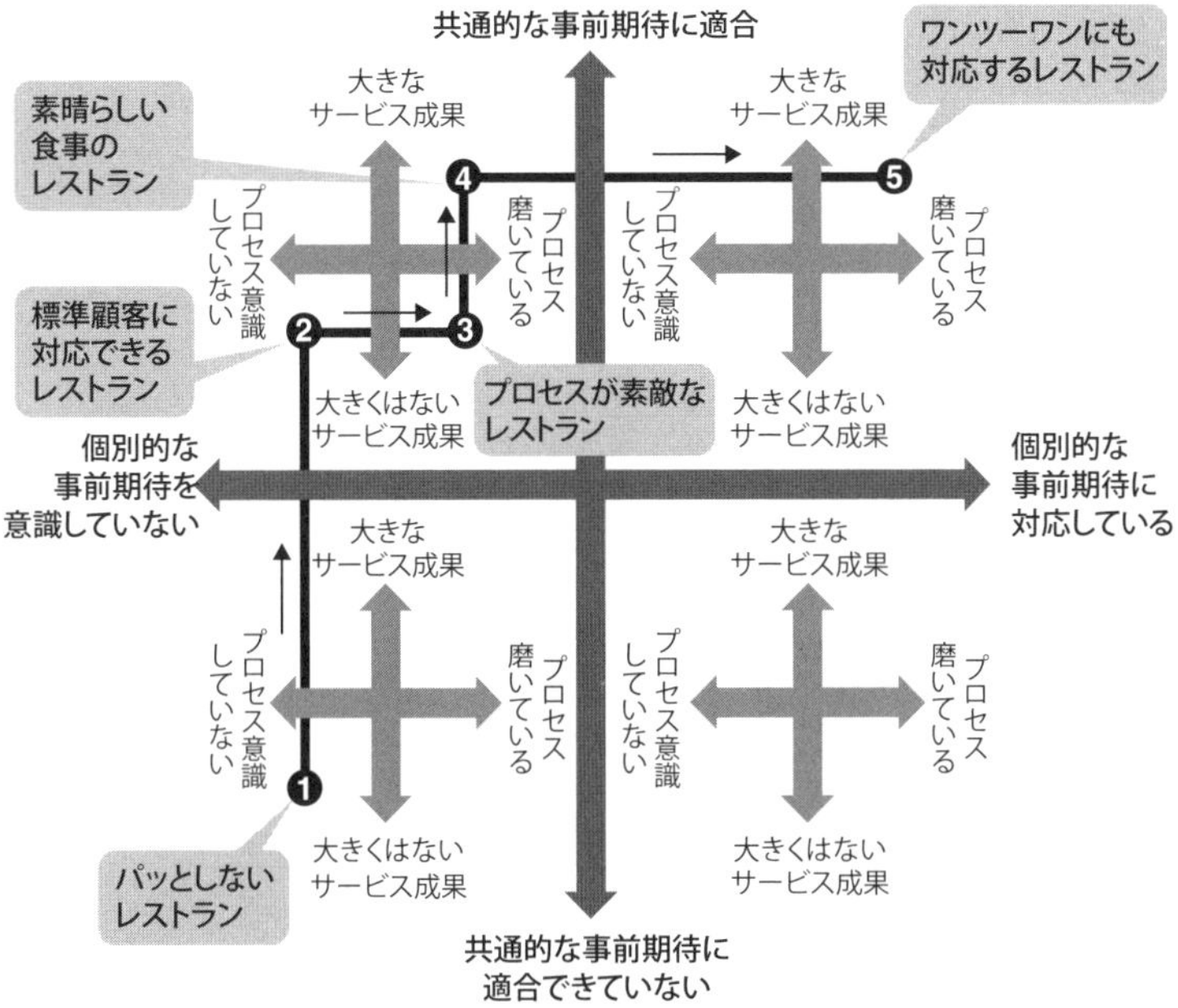

ンは②に移動することができました。

次は、プロセスの改善です。スタッフと話し合い「フロントでお待たせしない」ことや「にこやかに挨拶する」こと、配膳時に「料理の説明を簡潔にする」ことを実践することにしました。また、お客様のお名前が分かっている場合は、「お名前をお呼びして挨拶する」ことも始めました。これらのサービス改善により、ポジションを③に移動させることができました。

その次は、大きなサービス

の成果を出すことにしました。お客様が期待されているサラダの野菜をすべて無農薬有機野菜にしました。契約農家から新鮮な野菜を直送してもらい、その野菜をインテリアになるようにフロアに飾ってお客様にアピールしました。また、念願の薪のピザ釜を導入して、お客様から見えるところに設置して、薪の炎のゆらぎを楽しんでいただけるようにしました。パスタはオリーブオイルをオーガニックタイプに切り替え、店頭でも販売することにしました。これらのサービス改善により、ポジションは④に移動させることができました。

次は、一番難しい個別的な事前期待に対応する取り組みです。まず始めたのが、お客様から予約をいただいたときに「アレルギーの心配はございませんか」とか「苦手な食材で注意すべきものはございませんか」とか、個別的な事前期待を確認することです。カロリーを気にされているお客様が多いので、パスタやピザのボリュームを調整できるようにするなど、個別的な事前期待に対応するサービスにより、⑤のゴールにほぼ到達しました。これらの取り組みは、レストランサービスの「おもてなし感」を高めることにもなっています。

これらのサービス改革を実現するのに1年半がかかりましたが、サービスの価値をここまで高めると、売り上げ、利益ともに安心できるレベルになってきました。お客様に新しいお客様を誘っていただけるようになり、予約が取りにくいレストランになりつつあります。

ここまでに「サービスの成果による価値」と「サービスプロセスを磨くことによる価値」そし

て「共通的な事前期待に対応する価値」と「個別的な事前期待に対応する価値」について解説してきました。次は、読者があまり意識したことがないサービスの価値について解説したいと思います。

Ⅵ

サービスの価値は「お客様のリテラシーを高めることによる価値」と「サービス提供者自身がリテラシーを高めることによる価値」から作られる

1 システム構築プロジェクトで、社員のリテラシーが高まるのは大きな価値である

世の中のサービスでもっとも高価なもののひとつが〝システム構築サービス〟です。システム構築サービスの基本機能価値は、予算と納期を守って要求仕様通りのシステムを無事に稼働させることです。世の中の多くのビジネスが高度化し、グローバル化しているため、システムを計画通りに稼働させること自体が非常に困難になってきています。システムベンダーも情報システム部もシステムを稼働させることだけで精一杯になっているのが現状です。

このために忘れられつつあるのが、プロジェクトメンバーのリテラシーアップやモチベーションアップの価値です。中長期の視野に立つと、情報システム部にとっては、社員のリテラシーやモチベーションが高まることは、システムを無事稼働させる以上に大きな価値があるということができます。日本の個々の企業のＩＴリテラシーがまだ低かった時代には、情報システムの関係者はリテラシーアップの価値を高く評価していました。このことの大切さは、今でも変わっていないと思います。

筆者は、コンサルタントを生業にしており、プロジェクトメンバーと経営戦略を策定したり、事業シナリオを作成したりしています。この際、プロジェクトメンバーには必ず自分で考えて、ドキュメントを作ってもらいます。なるべくヒントも出さないようにしています。そして、宿

題で作ってもらったドキュメントをメンバー全員でレビューして、完成度を上げていきます。このやり方にこだわっているのは、プロジェクトの価値ある出力とは、経営戦略シートや事業シナリオのドキュメントだけでなく、プロジェクトメンバーのリテラシーアップやモチベーションアップの両方にあると思っているからです。

このサービスに必要なサービス品質は、共感性、柔軟性、安心感です。お客様のリテラシーを向上させるためには、徹底的に共感性を発揮し、お客様の現状のリテラシーを把握し、柔軟性や安心感を発揮して教育効果を上げていかなければなりません。お客様のリテラシーを向上させることができた場合は、間違いなく感情的満足を感じていただくことができ、リピートオーダーの可能性は大いに高まるでしょう。

2 「タニマチ」にとっては、相撲取りのリテラシーが高まることが価値である

相撲や歌舞伎では、相撲取りや歌舞伎役者がサービス提供者です。真剣な取り組みや感動す

図6・1　サービスの価値は、顧客のリテラシー向上による価値と提供者のリテラシー向上による価値から作られる

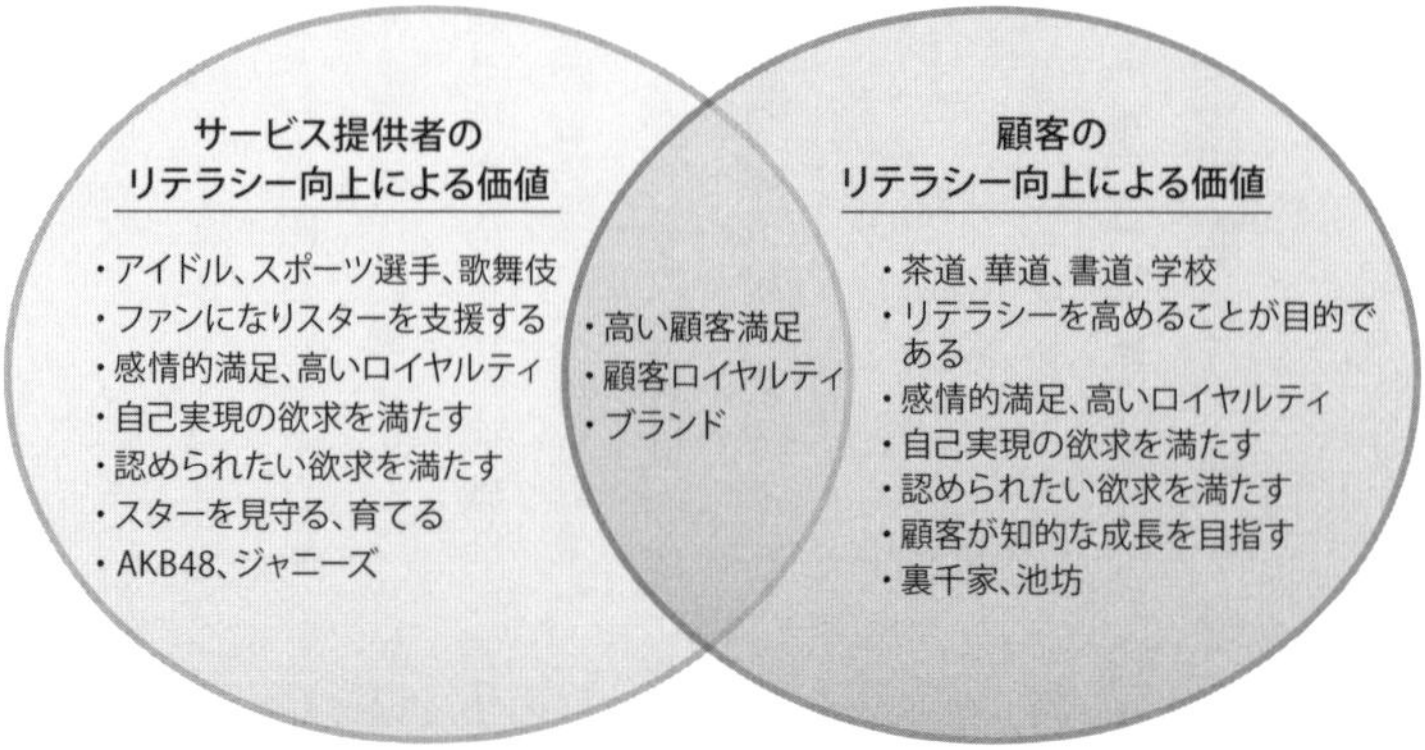
サービス提供者の
リテラシー向上による価値
・アイドル、スポーツ選手、歌舞伎
・ファンになりスターを支援する
・感情的満足、高いロイヤルティ
・自己実現の欲求を満たす
・認められたい欲求を満たす
・スターを見守る、育てる
・AKB48、ジャニーズ
・高い顧客満足
・顧客ロイヤルティ
・ブランド
顧客の
リテラシー向上による価値
・茶道、華道、書道、学校
・リテラシーを高めることが目的である
・感情的満足、高いロイヤルティ
・自己実現の欲求を満たす
・認められたい欲求を満たす
・顧客が知的な成長を目指す
・裏千家、池坊

る演技で観客を楽しませてくれます。これらの熱狂的なファンを「タニマチ」や「後援者」と呼びます。彼らは、取り組みや演技も楽しんでいますが、もっと大切なのは、**図6・1**の左側のようにひいきする相撲取りや役者のリテラシーや役割が上がっていくことに価値を感じていることです。このためには、お金も時間も労力も厭いません。

これとほぼ同じ組み立てになっているのが、AKB48とファンの関係です。AKB48のファンは、タニマチのように裕福とは限りません。しかし、彼らはひいきのアイドルへの投票券を得るために、同じCDを何枚も購入し、時間を惜しまずに劇場に通い続けます。そして、自分のこと以上にアイドルのランクアップを喜び、そこに価値を感じているのです。

ここで生まれるサービスの価値にはコスト意識はなく、自分が負担できるすべてのお金や時間を注ぎ込むスタイルです。このサービスをビジネスと見るならば、極めて付加価値の高いビジネスが構築されるでしょう。

このサービスに必要なサービス品質は、共感性、柔軟性、安心感です。アイドルや歌舞伎役者などのサービス提供者は、ファンであるお客様に大いに関心を持ち、お客様の期待を把握して柔軟に期待に応えなければなりません。サイン会や握手会などで、お客様の個別的な事前期待にも応えると、顧客満足は大いに高まるでしょう。

サービス提供者のリテラシーを高める価値を大きくするためには、サービス提供者はファンに対して自分のリテラシーがいかに向上しているかを分かりやすく見せることが大切です。大相撲は、前頭何枚目、小結、関脇、大関、横綱と分かりやすくランクアップしていきます。AKB48は、年一回の総選挙でランクアップの見える化をやっています。歌舞伎や映画では、まねき看板の位置やエンドロールの位置で俳優のランクを見せています。いうまでもありませんが、このサービスは間違いなく感情的満足につながり、「熱狂的なファン」という究極のリピーターを作ります。

3 リテラシーを高める共創型サービスプロセスモデルを理解しよう

第6章のサービスによるリテラシー向上がどんな仕組みで起こっているかを解説します。図6・2の提供者主動型サービスでは、まずサービス提供者がサービス内容とサービスプロセスを顧客に提供します。顧客は自分の事前期待と比較して、そのサービスから経験価値を感じ取ります。一部の顧客は、そのサービスの評価をサービス提供者にフィードバックするでしょう。サービスが素晴らしいと思った顧客は、感謝するだけでなく新しいお客様を紹介するかもしれません。ひどいサービスだと思った顧客は、苦情を告げるか二度とサービスを使わなくなるでしょう。

サービス提供者は、このお客様からのフィードバックと自分の事前期待に対する経験価値から学習し、サービスを改善し、自分のリテラシーを向上させます。この太い矢印のサイクルで、サービス提供者とサービスそのものが成長していきます。この成長サイクルを継続してスパイラルアップさせることができると、サービスビジネスは成功を収めるでしょう。

実は、顧客の方もサービスを受けた経験価値から自己学習し、自分のリテラシーを高めて、次の事前期待を形成します。この顧客の成長サイクルもうまくスパイラルアップさせたいものです。

次に、図6・3で顧客主動型サービスのリテラシー向上を説明します。このサービスは、主導権を顧客が取ります。例えば、大学院生が講座の教授に「自分で論文を書いてきました。いくつかの論点についてアドバイスしてください」と迫ります。このとき、学生は自分のリテラシーとやる気を先生に大いにアピールします。こんな積極的な学生が現れると、先生は自分の事前期待を超越しているため感動と呼べる経験価値を感じて、学生のリテラシーとやる気をたたえ、質問や疑問に対して適切なアドバイスをすることになるでしょう。すると、学生はその動機付けと適切なアドバイスから学習し、自分のリテラシーを大いに向上させ、さらに自主的に学習し続けるでしょう。

この太い矢印のサイクルで、顧客とサービスそのものが成長していきます。この成長サイクルをスパイラルアップさせることができると、顧客は劇的にリテラシーを高めることでしょう。提供者主動型と顧客主動型の二つのモデルを比較してみると、顧客のリテラシーを向上させる価値を高めるためには、顧客主動型サービスのサービスモデルに誘導することが極めて重要だということが分かります。

図6・2と図6・3をひとつにまとめると、図6・4のようになります。この絵は、完全に左右対称になっています。顧客共創サービスは、サービス提供者と顧客がそれぞれに影響を与え合い、それぞれに助け合って価値あるサービスを作っていくものなのです。図6・4は少し込み入っ

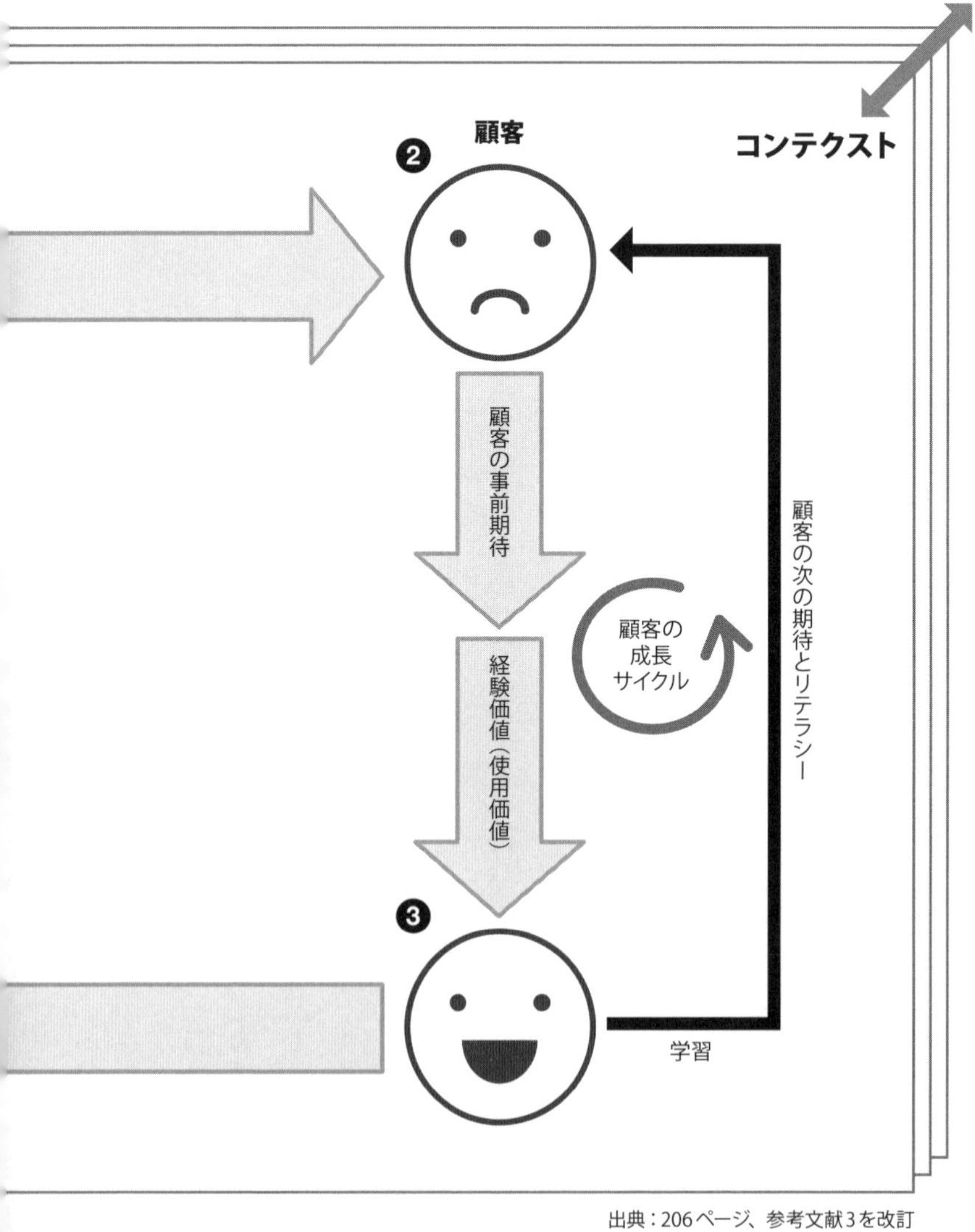

出典：206ページ、参考文献3を改訂

図6・2　サービスの価値共創モデル（提供者主動型）

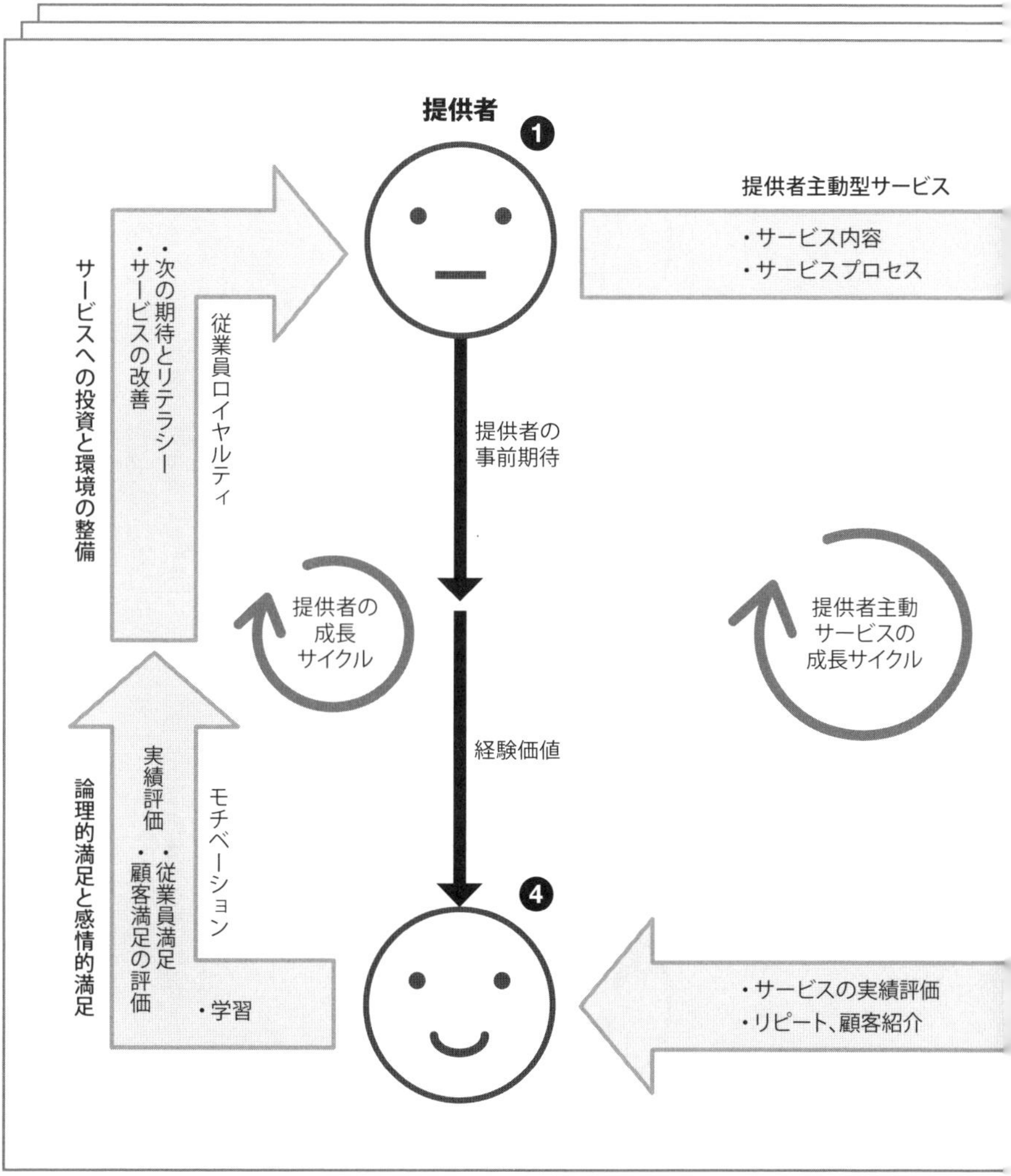

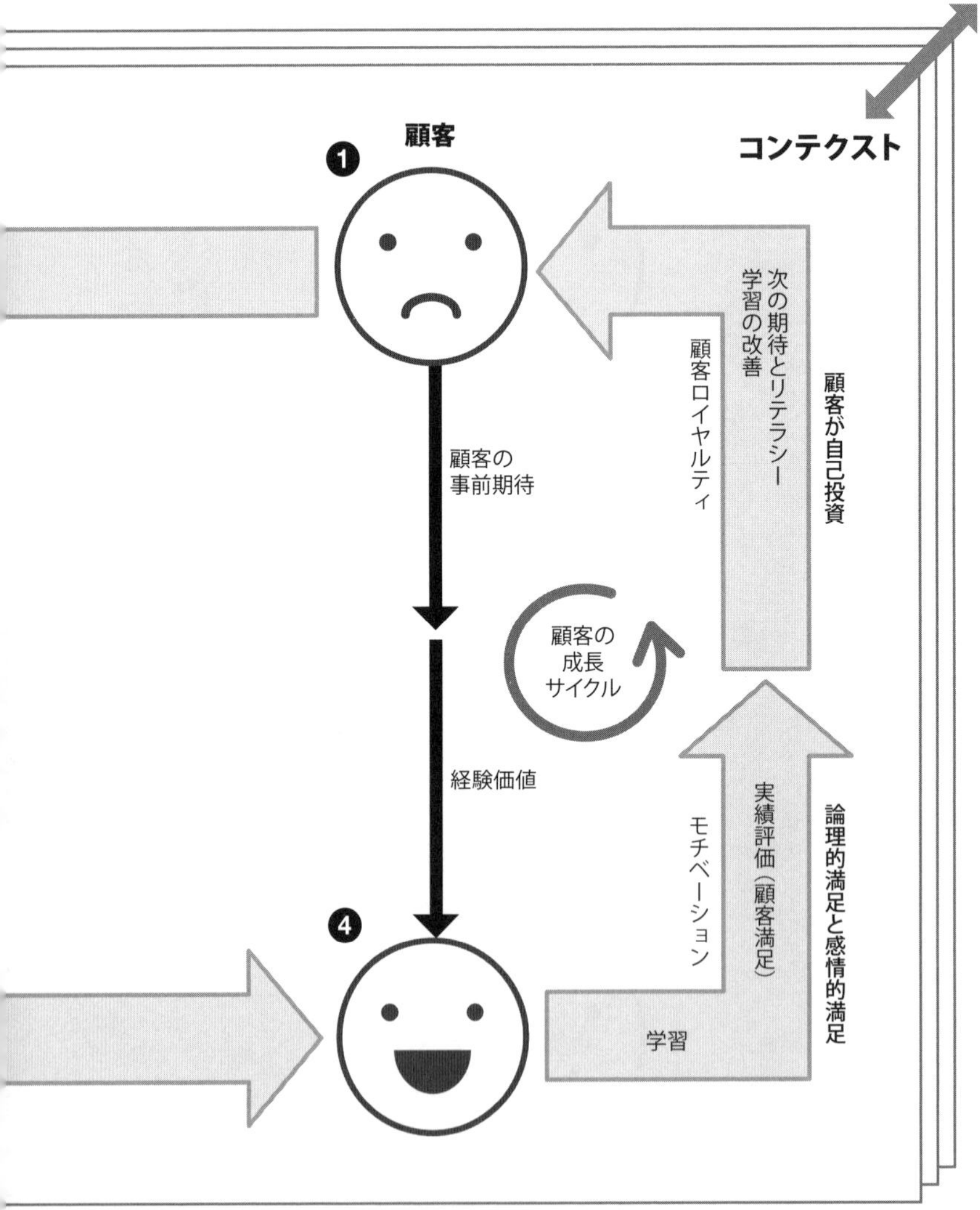

出典：206ページ、参考文献3を改訂

図6・3　サービスの価値共創モデル(顧客主動型)

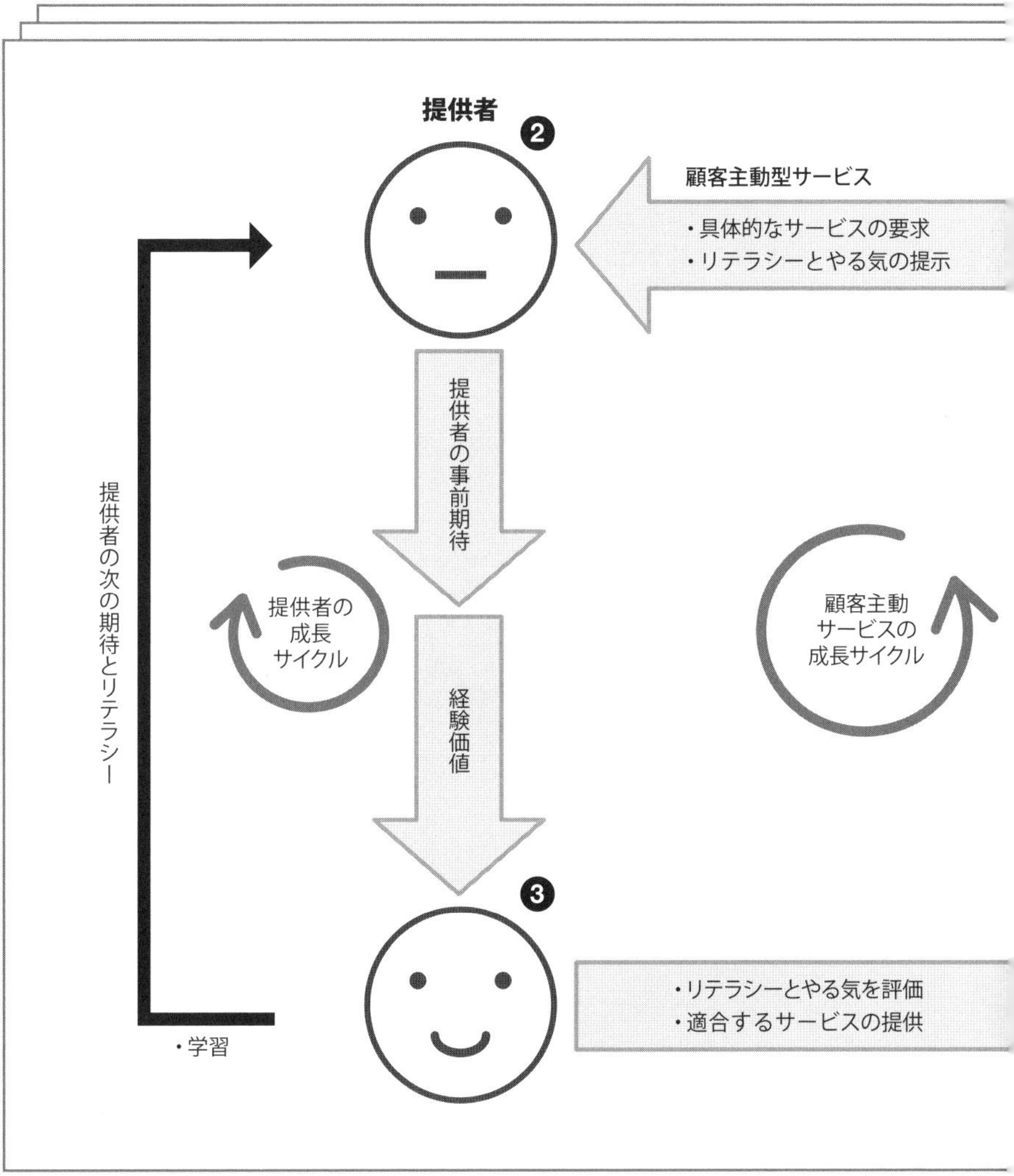

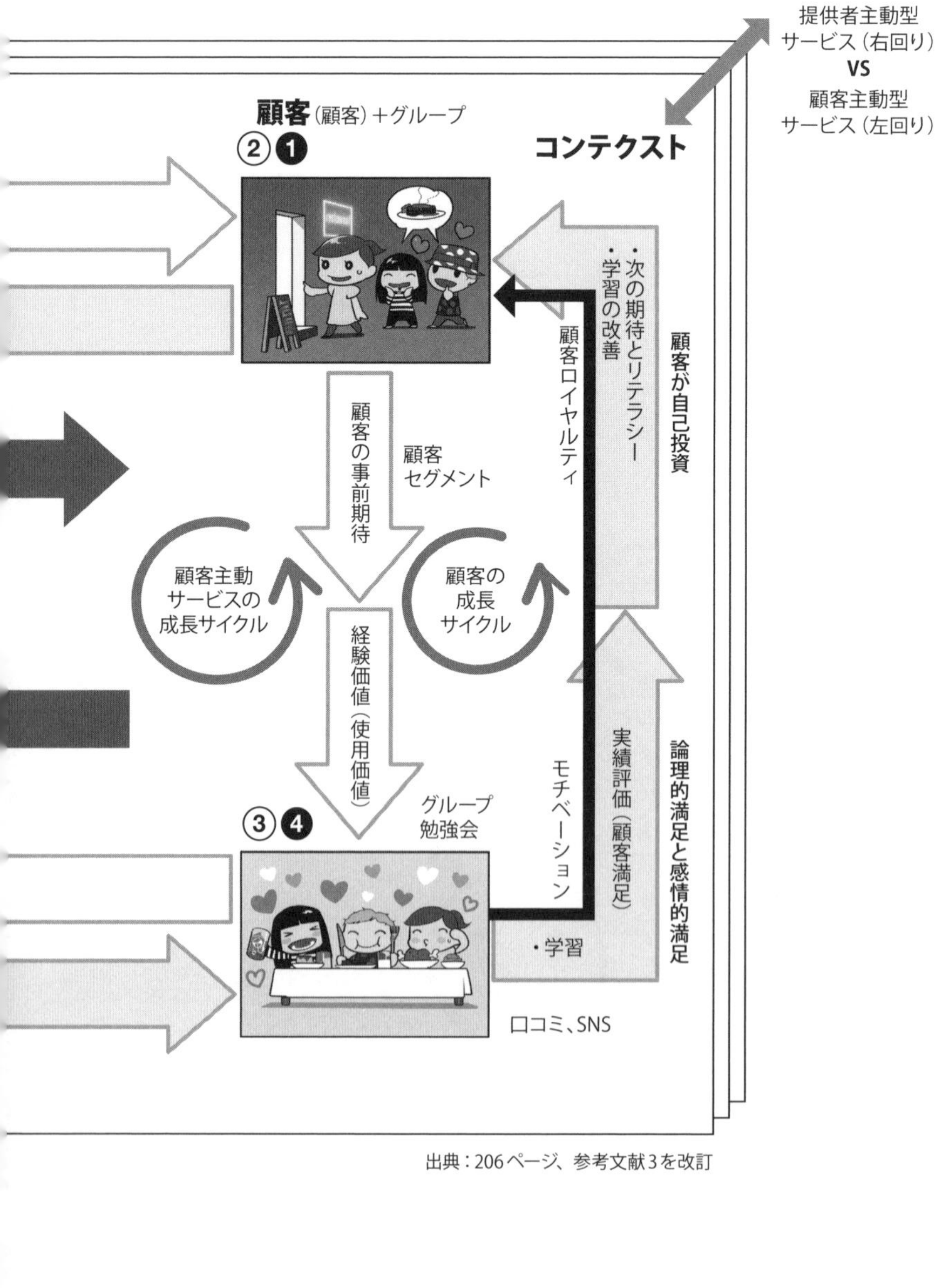

出典：206ページ、参考文献3を改訂

図6・4　サービスの価値共創モデル

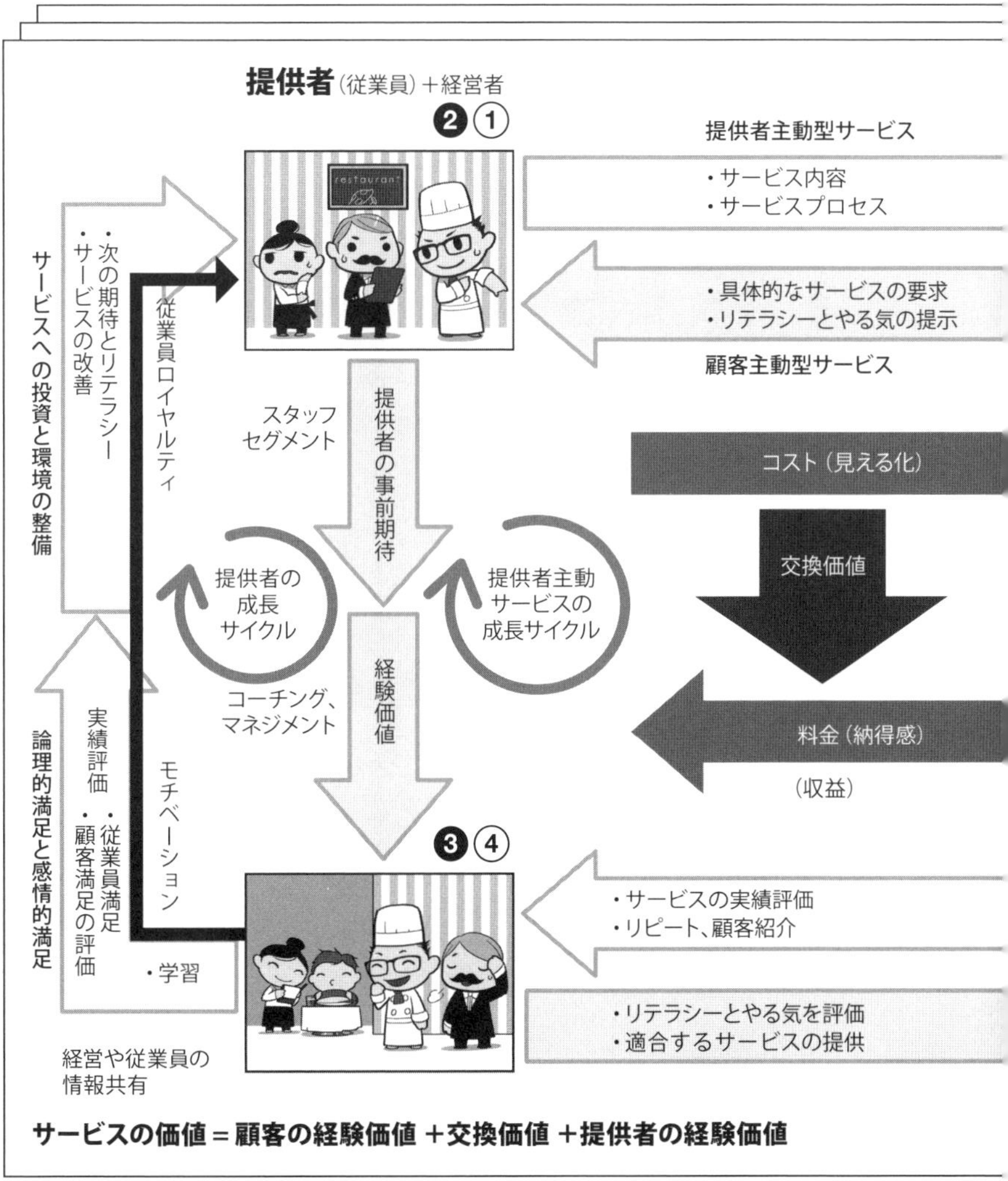

ていますが、この共創型サービスに関連する用語をできるだけ漏らさずに書き込んであります。

例えば、サービス提供者は、一人ではなくチームになっているのが一般的です。お客様からの賞賛やクレームなどの実績評価を受けると、チームリーダーはその内容をチームメンバーに伝えるだけでなく「コーチング」や「サービスマネジメント」を実践して、メンバーのリテラシー向上を確実に実現しようと努めなければなりません。また「お客様の声」から内装や設備の改善の投資を決心しなければならないこともあるでしょう。

お客様も今回のサービスの経験から学び、次回に注文するメニュー候補を決め、その料理のいわれを調べる人もいるでしょう。これらのことが次回のお客様の事前期待を形作ります。

4 「サービスの成果とプロセス」と「顧客のリテラシー向上とサービス提供者のリテラシー向上」の４つの軸でサービスを分類する

第４章と第６章で解説してきた「サービスの成果による価値」と「サービスプロセスを磨くこ

とによる価値」そして「顧客のリテラシーの向上による価値」と「サービス提供者のリテラシー向上による価値」をそれぞれ大小の分類軸で区分けし、世の中のサービスを分類してみましょう。

図6・5の Ⓐは、サービスの成果が大きくプロセスも磨かれているサービスで、スターが歌や踊りや演技の能力をどんどん高め人気を上げていくのは、ファンにとってこのうえない喜びであり、大きな価値です。「ＡＫＢ48」は総選挙で人気の見える化をやって、この価値をさらに高めています。そして、ファンも応援のスキルを高め、演目の関連知識を習得する努力や〝出待ち〟を頑張るなど、スターの地位を高める努力も惜しみません。このように、サービス提供者も顧客もリテラシーを高めることに充実感がある「宝塚歌劇」「ＡＫＢ48」「ジャニーズ」「歌舞伎」は、極めて価値の高いサービスになっており、華やかで人気が永く続くエンターテインメントになっています。

Ⓑの、「相撲」や「プロ野球」や「各種プロスポーツ」は、相撲取りや選手が自分たちの能力を高めて素晴らしい成績を収め地位を上げていくと、ファンはそこに大きな価値を認め、ますます応援に力を入れることになります。しかし「宝塚歌劇」「ＡＫＢ48」「ジャニーズ」「歌舞伎」のようには、ファンが自分のリテラシーを高める価値は少ないかもしれません。相撲の稽古場の見学会やプロ野球カードの充実など、ファンのリテラシーを高める努力も実践されてはいますが、もう少し質の高い取り組みや多くのファンを取り込む幅の広い取り組みが必要だと思います。

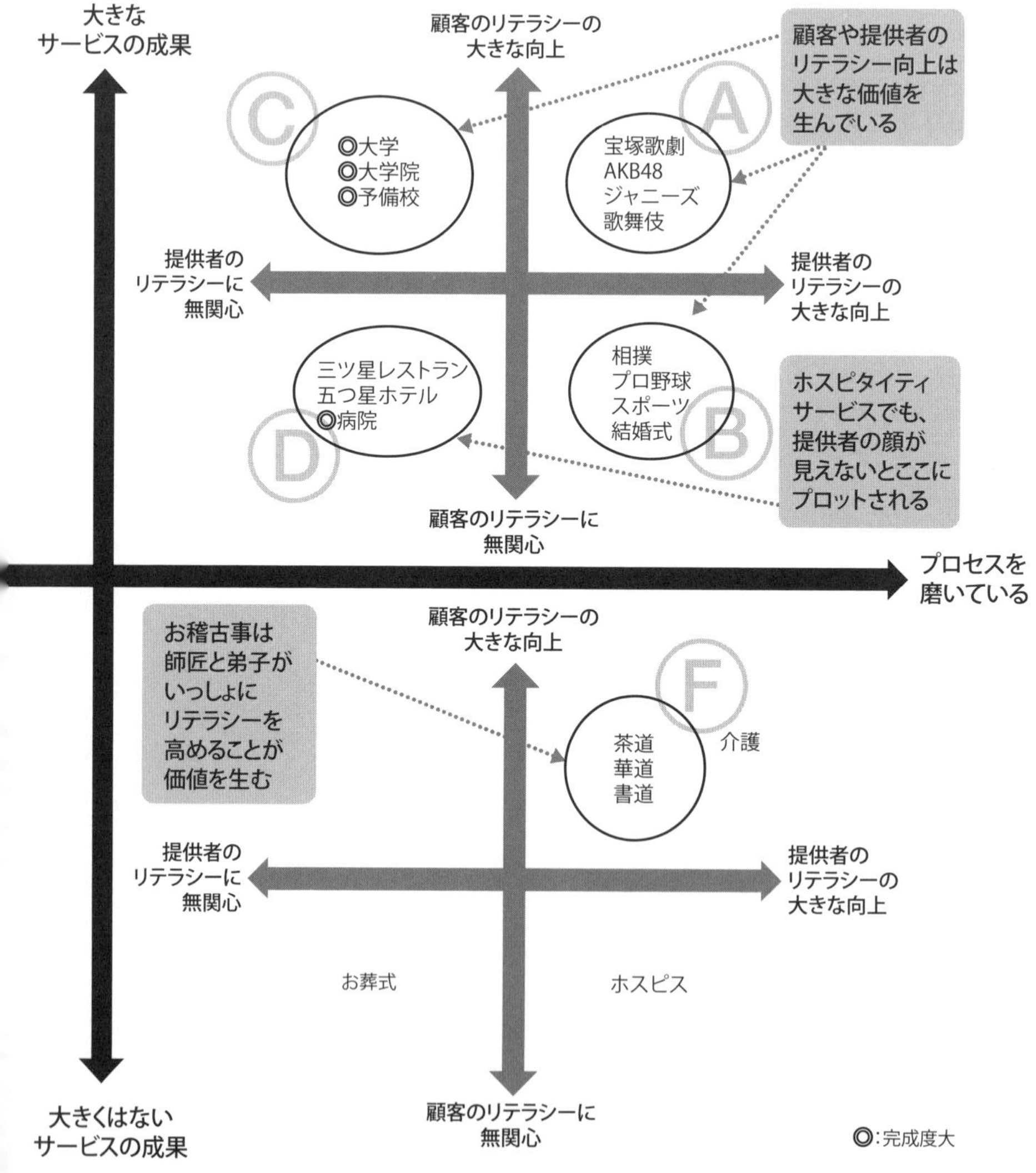
大きな
サービスの成果
顧客のリテラシーの
大きな向上
顧客や提供者の
リテラシー向上は
大きな価値を
生んでいる
C
A
◎大学
◎大学院
◎予備校
宝塚歌劇
AKB48
ジャニーズ
歌舞伎
提供者の
リテラシーに
無関心
提供者の
リテラシーの
大きな向上
三ツ星レストラン
五つ星ホテル
◎病院
相撲
プロ野球
スポーツ
結婚式
D
B
ホスピタイティ
サービスでも、
提供者の顔が
見えないとここに
プロットされる
顧客のリテラシーに
無関心
プロセスを
磨いている
顧客のリテラシーの
大きな向上
お稽古事は
師匠と弟子が
いっしょに
リテラシーを
高めることが
価値を生む
F
茶道
華道
書道
介護
提供者の
リテラシーに
無関心
提供者の
リテラシーの
大きな向上
お葬式
ホスピス
大きくはない
サービスの成果
顧客のリテラシーに
無関心
◎:完成度大

図6・5 現実のサービスを4要素で分類する(2)

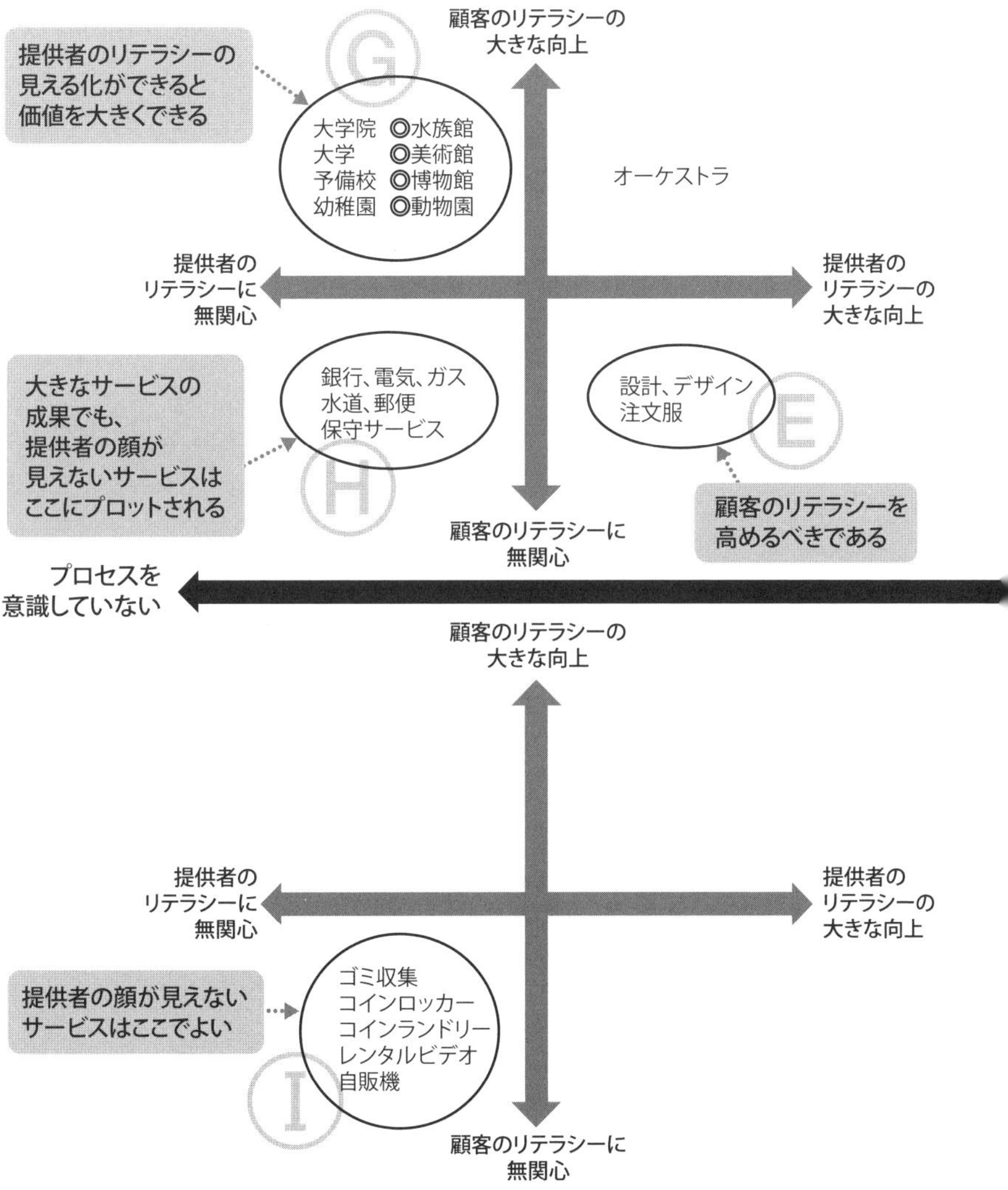

Ⓒは優れた「大学」や「大学院」、「予備校」などの教育機関で、学生のリテラシーを大いに高めており、学生や父兄から高いサービスの価値を認められています。これに加えて、学生や父兄が教育を担当している「教師のリテラシーの向上」に価値を感じてもらえると、もっと高いサービスの価値が認められるのではないでしょうか。一部の予備校や大学で始まっている先生の人気投票は、この狙いで実施されているのだと思います。

ところが素晴らしいサービスでも、サービス提供者の顔が見えていないⒹの「三ツ星レストラン」や「五つ星ホテル」、「素晴らしい病院」は、提供者のリテラシーが向上している価値を感じることができません。まだごく一部のホテルや病院でしか行われていませんが、サービス提供者の顔を見えるようにしてスターシェフやスターコンシェルジュやスター医師を作ると、お客様はもっと大きな価値を感じてくれるでしょう。

Ⓔの「設計」「デザイン」「注文服」は、成果物を誇るだけでなく、サービスプロセスを通してお客様のリテラシーを高めることができると、より大きな価値を認識してもらえるでしょう。

Ⓕの「茶道」や「華道」や「書道」などのお稽古事は、師匠と弟子がいっしょにリテラシーを高めることが価値を生んでいます。Ⓖの素晴らしい「水族館」「美術館」「博物館」「動物園」は、学芸員のリテラシーの向上をお客様に見える化できると、より大きな価値をお客様に提供できます。欧米は文化先進国なので、スター学芸員が育っており、高い人気を博しています。最近は

日本でも、一部の「美術館」や「博物館」でこの種の活動が行われつつあります。

Ⓗの「電気」「ガス」「水道」などのインフラサービスは、サービス提供者の顔が見えないサービスなので、ここがホームポジションなのだと思います。

Ⓘの「ゴミ収集」「コインロッカー」「コインランドリー」などは、サービス提供者の顔が見えないサービスなので、リテラシーの向上に価値を感じてもらうことは難しいでしょう。この種の努力は必要ないのかもしれません。

こうしてみると、サービス提供者のリテラシーの向上や顧客のリテラシー向上をサービスの価値にできるサービスと難しいサービスがあることが分かります。リテラシーを高める価値は貴重なので、もっと意識して活用すべきだと思います。

では、図５・11（１０１ページ）のイタリアンレストランのさらなる成長について考えてみましょう。図５・11の⑤は、**図６・６**の⑤のポジションです。ここから顧客のリテラシーの大きな向上を実現するために、お客様から希望があれば、召し上がっていただいた料理のレシピを提供することにしました。さらに、３カ月に1度の頻度で、お客様を対象にした料理教室を開催することにしました。この試みはお客様に好評を博しています。

次のステップは、サービス提供者のリテラシーの向上です。同店のイケメンソムリエのAさんを前面に打ちだし、同店のアイドルスタッフ風に育てていくことになりました。将来は、

図6・6　現実のサービスを改善する(2)

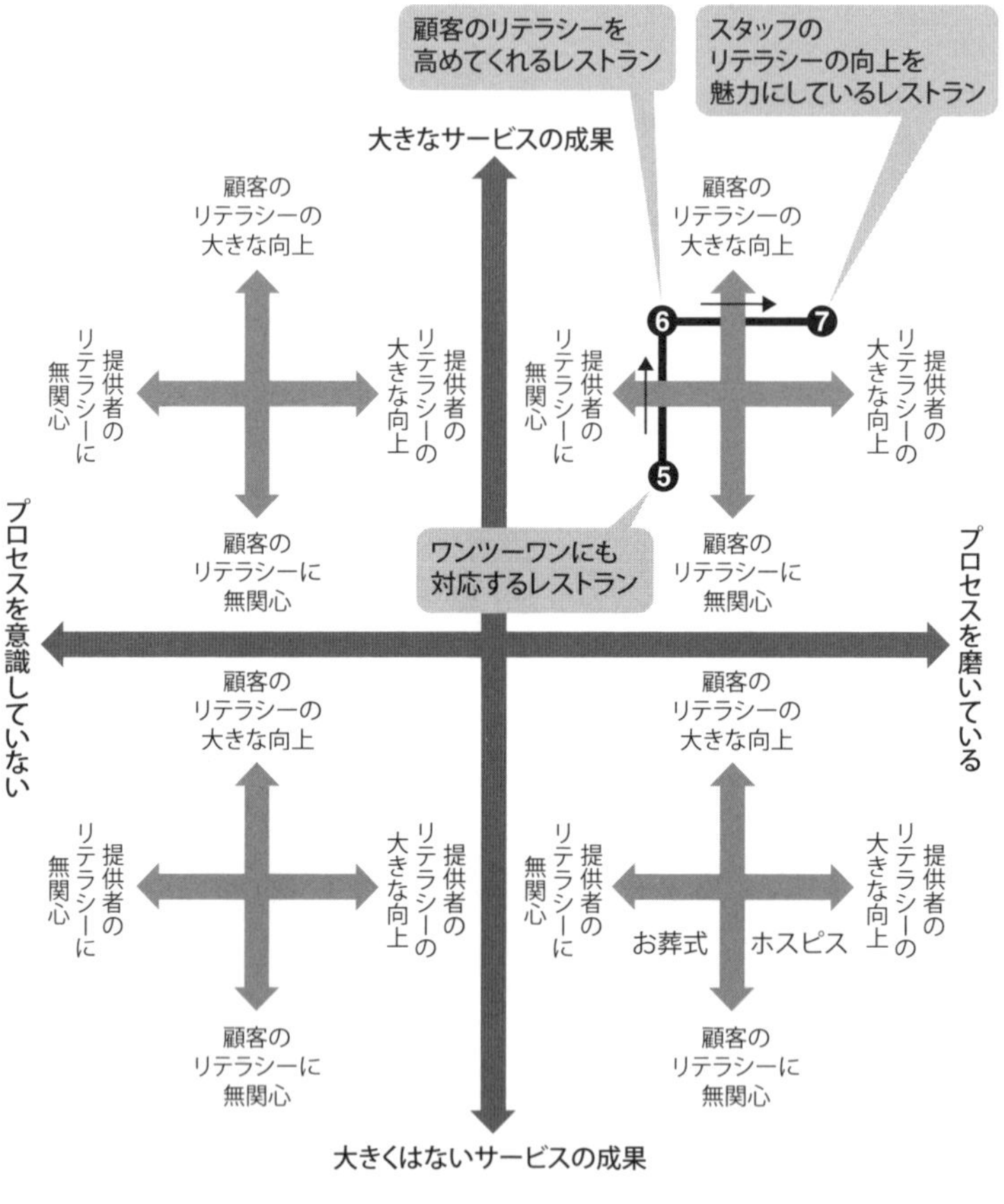

ソムリエの資格取得やコンテストへの参加も計画することになっています。ここまでで、当レストランは、6つのサービスの価値をすべて活用しており、スタート時からはサービスの価値を大幅に高めることができたと思います。

5　「共通的な事前期待と個別的な事前期待」と「顧客のリテラシー向上とサービス提供者のリテラシー向上」の4つの分類軸でサービスを分類する

次に、第5章と第6章で説明してきた「共通的な事前期待に対応する価値」と「個別的な事前期待に対応する価値」そして「顧客のリテラシーの向上による価値」と「サービス提供者のリテラシー向上による価値」をそれぞれ大小の分類軸で区分けし、**図6・7**のように世の中のサービスを分類してみましょう。

右上の「茶道」や「華道」や「書道」のようなお稽古事と「宝塚歌劇」や「AKB48」や「歌舞伎」などは、サービス提供者とお客様がいっしょにリテラシーを高めることが大きな価値を生む

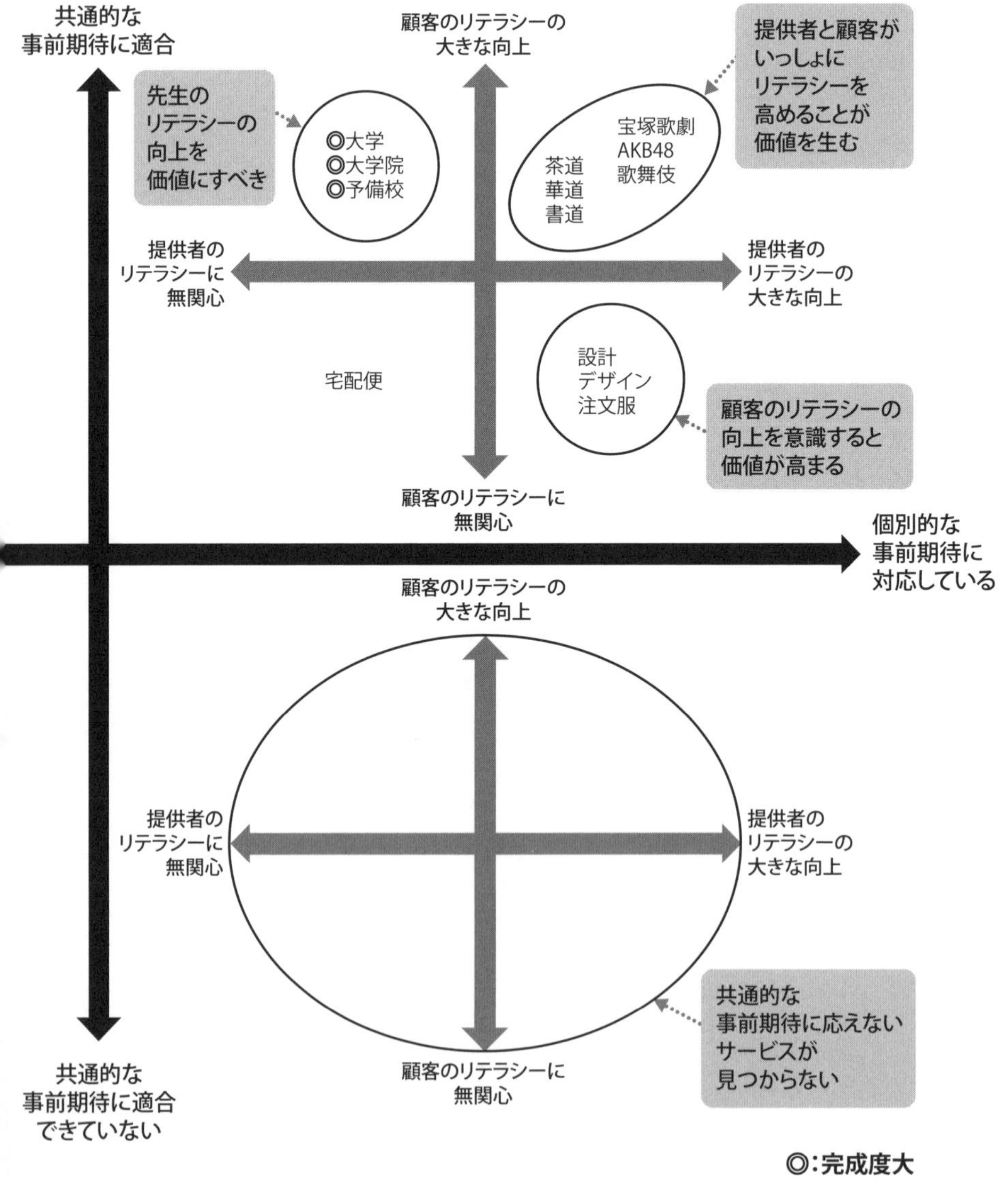
共通的な
事前期待に適合
先生の
リテラシーの
向上を
価値にすべき
◎大学
◎大学院
◎予備校
顧客のリテラシーの
大きな向上
宝塚歌劇
AKB48
歌舞伎
茶道
華道
書道
提供者と顧客が
いっしょに
リテラシーを
高めることが
価値を生む
提供者の
リテラシーに
無関心
提供者の
リテラシーの
大きな向上
宅配便
設計
デザイン
注文服
顧客のリテラシーの
向上を意識すると
価値が高まる
顧客のリテラシーに
無関心
個別的な
事前期待に
対応している
顧客のリテラシーの
大きな向上
提供者の
リテラシーに
無関心
提供者の
リテラシーの
大きな向上
顧客のリテラシーに
無関心
共通的な
事前期待に応えない
サービスが
見つからない
共通的な
事前期待に適合
できていない
◎:完成度大

図6・7 現実のサービスを4要素で分類する(3)

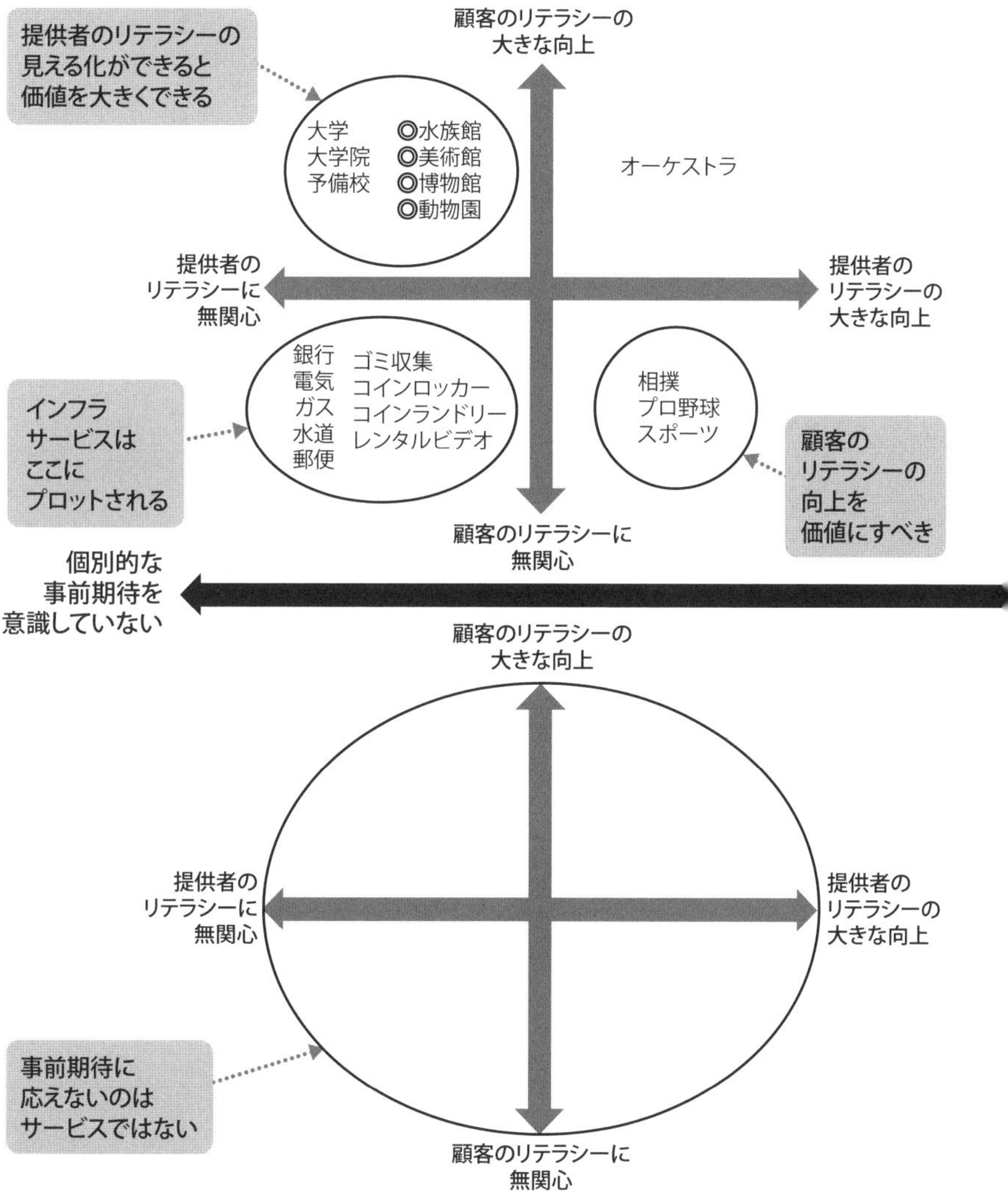

サービスです。その下の「設計」や「デザイン」や「注文服」は、サービスの成果が価値の中心になっていますが、設計コンセプトを分かりやすく解説したり、デザインプロセスを見える化したり、お客様のリテラシーの向上を意識して、それを実現するとさらに高い価値を得られると思います。

左上の「水族館」や「美術館」や「博物館」や「動物園」は、お客様のリテラシーを高める効果が認められて人気になっていますが、これに学芸員のリテラシーの見える化を加味すると、さらにサービスの価値は高まるでしょう。このことは、大学や大学院や予備校でも同じだと思います。

その下の「ゴミ収集」や「コインロッカー」などのインフラサービスは、このエリアがホームポジションです。その右隣の「相撲」や「プロ野球」や「各種スポーツ」は、お客様のリテラシーの向上を価値につなげるアイデアや努力がもっと必要だと思います。

左下の共通的な事前期待にも個別的な事前期待にも対応しないものは「サービス」ではないため事例がありません。右下の個別的な事前期待には対応しているが、共通的な事前期待は意識していないサービスの事例は見つかりませんでした。つまり、図6・7は、図5・10や図6・5と比較すると、残念ながら発見のない分類になっていると思います。このように、分類軸によって新たな発見が得られることがあったり、気づきが得られないこともあります。

図6・8　6つのサービスの価値とコーヒーショップ

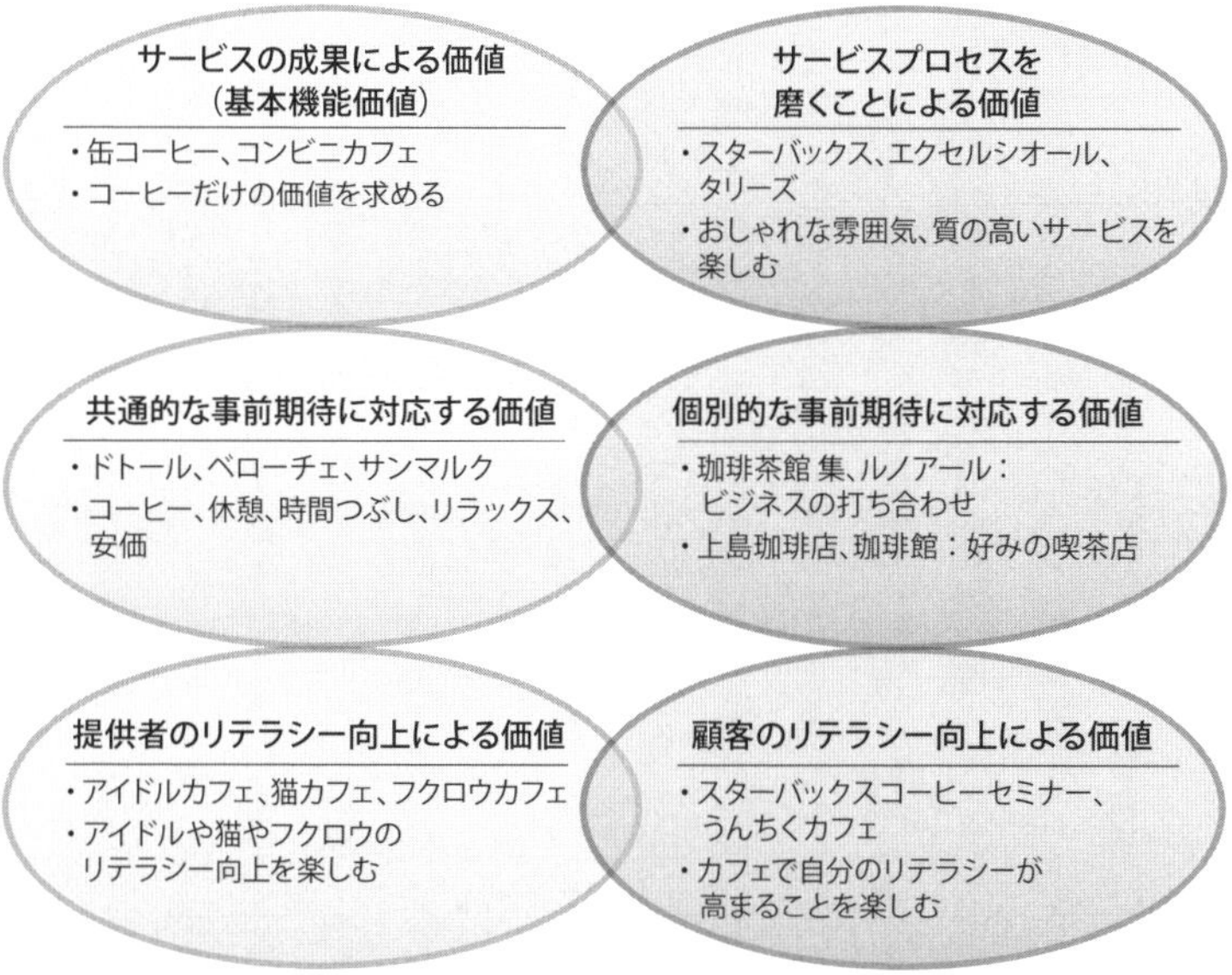

最近、さまざまなバリエーションを展開しているサービス業にコーヒーショップがあります。筆者の拙い知識と経験で恐縮ですが、**図6・8**のようにコーヒーショップを6つの価値で分類してみました。

まず、基本機能価値だけを求めているコーヒーには、缶コーヒーやコンビニコーヒーがあります。これらは、自動販売機やコンビニのセルフサービスで購入するため、提供されるサービスのよさを求めてはいません。どちらも100円台の求めやすい価格付けになっており、納得感があります。

右上は、コーヒーそのものの価値だけでなく、おしゃれな雰囲気やバリスタとの気の利いた会話にも価値を感じています。スターバックスやエクセルシオールカフェ、タリーズコーヒーなどのカフェがこれに該当するのだと思います。これらのお店の価格付けは、300円前後に設定されています。コンビニコーヒーの倍以上の価格ですが、お客様でにぎわっています。これは、サービスプロセスを磨き上げることに、お客様が価値を感じていることを示していると思います。

次は左の中段の共通的な事前期待に応えているコーヒーショップです。ドトールコーヒーやカフェ・ベローチェ、サンマルクカフェなどが該当すると思います。コーヒーの品質もよく、休憩にも使え、ビジネスマンが顧客訪問の時間調整にも使え、価格は200円前後で納得感があります。この分類に相当するコーヒーショップがもっとも店舗数が多いと思います。これは、もっとも人数の多い標準顧客に焦点を当てているからだと思います。

次は右中段の個別的な事前期待に応えてくれるコーヒーショップです。例えば、珈琲茶館集やルノアールは、ビジネスマンがお客様との打ち合わせに使ったりします。テーブルの間隔が少しゆったりしていて、価格付けが400円以上に設定されているため、さほど混雑していないのも商談に使われる理由でしょう。また、昔からあるコーヒー専門店の上島珈琲店や珈琲館などは、特色のあるコーヒーを好むお客様に使われているのでしょう。また、京都のイノダコーヒのような、その土地のレジェンドコーヒーショップもこの分類に入ると思います。学生時代を懐かしんで、レジェンドコーヒーショップに通うシニアは、多くいそうです。

次は左下のサービス提供者のリテラシー向上を売りにしているカフェです。秋葉原から始まって全国に作られているメイドカフェやアイドルカフェは、サービスを提供してくれるメイドさんやアイドルがお客様を喜ばせるリテラシーを売りにしています。歌とダンスやお客様との会話や共通の趣味の知識交換など、リテラシーが高くなっていくことが価値になっているのでしょう。これらのお店の価格は、1000円ほどに設定されているようです。最近増えつつある猫カフェやフクロウカフェも、猫やフクロウの「かわいらしさ」や「癒やし」というリテラシーを売り物にしており、同じ構造だと思います。筆者が若かりし頃は、生演奏のジャズ喫茶が全盛でした。これも同じスタイルだと思います。

最後は右下の顧客のリテラシーの向上が売り物のカフェです。スターバックスのコーヒーセミナーでは、コーヒーマスターが美味しいコーヒーの淹れ方やコーヒーのある生活の楽しみ方を教えてくれ、顧客のリテラシーを高めています。コーヒーオタクが通う「うんちくカフェ」は、マスターのコーヒーに関する博学な知識を吸収してコーヒーに対するリテラシーを少しでも高めたいという思いに応えているのだと思います。

コーヒーという極めて日常的な商品を扱っているサービスビジネスは、6つの価値をうまく使って繁栄していることが分かりました。さすが歴史の長い素晴らしいサービス業界だと思います。

第3章から第6章まで6つのサービスの価値について解説をしてきました。この6つは、一般的に独立しているのではなく、**図6・9**のように重なり合っています。サービスの議論が少し難しいのは、多くのケースが重なり合っているためなので、この辺を考慮した議論が必要です。

どのサービスの価値も、それぞれの価値に合ったサービス品質が下支えしてくれています。サービス品質は、それぞれの価値から独立

図6・9　サービスの価値は6つの要素で作られる

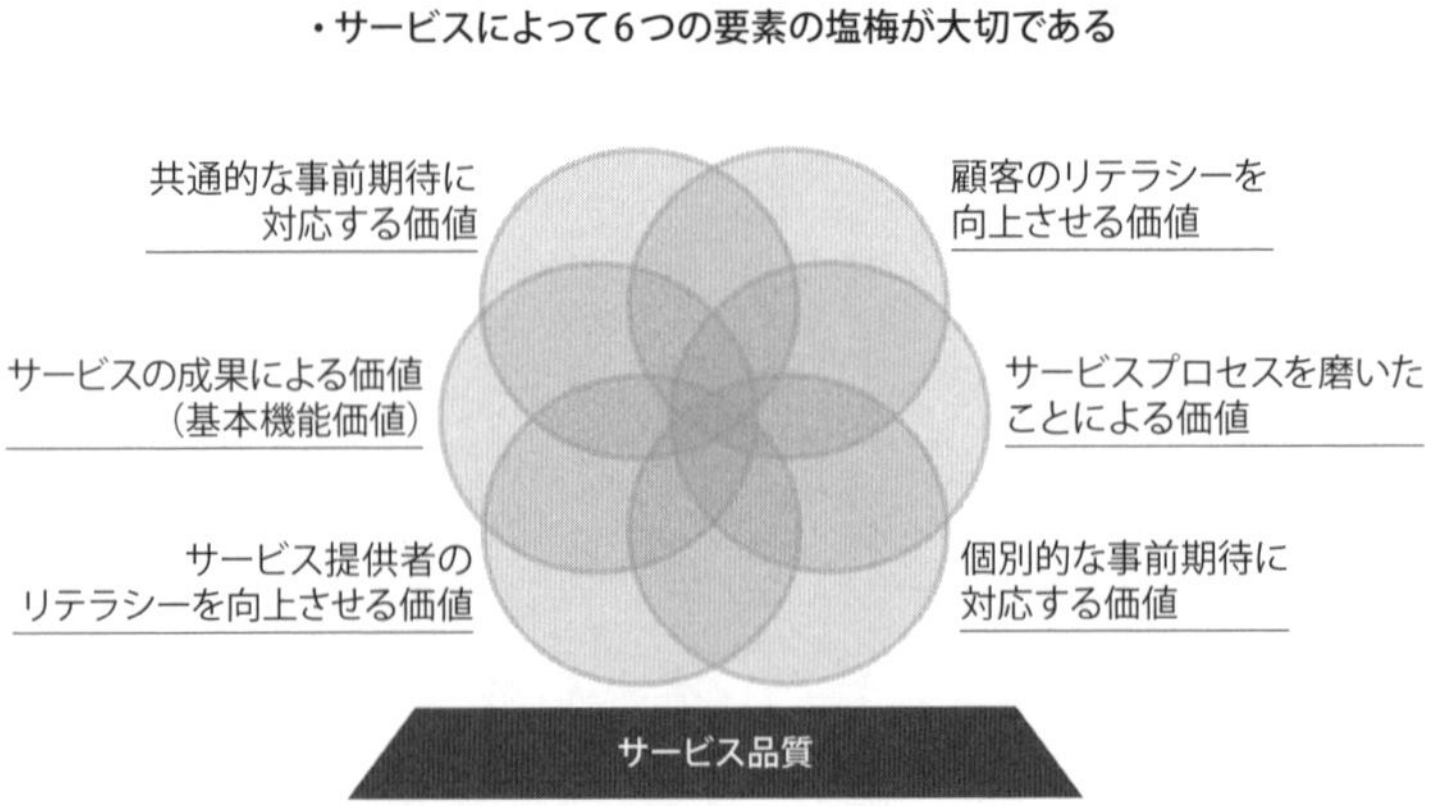

・サービスによって6つの要素の塩梅が大切である

したものと割り切ると、議論がシンプルになると思います。

この6つのサービス価値を高めるために、**図6・10**のワークシートが役に立つと思います。コーヒーショップをサンプルにワークシートを使ってみます。最近のコーヒーショップは、コーヒーが楽しめるのは当然ですが、気分転換にオフィスを離れて仕事をするためにも使われます。この2つのサービスについてワークシートを記述していきます。

まず、コーヒーを提供する

図6・10　コーヒーショップの価値を高める

サービスの価値の種類	コーヒーを提供するサービス	作業場所に使っていただくサービス
①サービスの成果による価値（基本機能価値）	•美味しいコーヒーを提供する	•パソコンが使える環境を提供する •スマートフォン用の電源を提供する
②サービスプロセスを磨くことによる価値	•気持ちよく挨拶する •お客様をお名前で呼ぶ	•作業の支障になるカップを片付ける •「お仕事頑張ってください」と声を掛ける
③共通的な事前期待に対応する価値	•清潔な環境を整える •待たせないように対応する	•穏やかなヒーリング音楽を流す •長時間でも気兼ねなく仕事ができる
④個別的な事前期待に対応する価値	•サイフォン式、ネル・ドリップ式、エスプレッソ式が選べる	•休憩時に読む、お客様の好みの雑誌や新聞が置いてある
⑤サービス提供者のリテラシー向上による価値	•焙煎技術やエクセレントな淹れ方の技術をお客様に見せる	•スタッフがパソコンやスマートフォンのリテラシーを高めており、頼りがいがある
⑥顧客のリテラシー向上による価値	•コーヒーを淹れるコツやコーヒーについてのウンチクを教える	•困ったときにパソコンやスマートフォンの使い方を教えてくれる

サービスでは、もちろん美味しいコーヒーを提供しなければいけません。サービスプロセスでは、気持ちよい挨拶やお客様をお名前で呼ぶと親近感が高まり喜んでいただけます。

共通的な事前期待では、いつも店内を清潔に保ち、お客様をお待たせしないようにすることも大切です。コーヒー専門店では、サイフォン式やネル・ドリップ式やエスプレッソ式をお客様が好みに合わせて選べると、より満足してもらえるでしょう。

サービス提供者であるバリスタがコーヒー豆の焙煎技術の高さや美味しいコーヒーの淹れ方の技術をアピールできると、お客様により満足してもらえます。また、コーヒーを淹れるコツや世界各地のコーヒーのウンチクをお客様に提供できると喜んでもらえるでしょう。

また最近は、気分転換にカフェで仕事をする人が増えており、このニーズに応えてくれるお店が増えつつあります。パソコン用の電源や通信のためにＷｉ－Ｆｉが使えるようになっています。パソコンを使いやすくするために、テーブルを片付けてくれたり、「お仕事、お疲れさま」と声をかけてくれるスタッフもいます。穏やかなヒーリング系の音楽を流し、長時間でも気兼ねなく仕事ができます。仕事に疲れると、自分好みの雑誌に目を通すこともできます。まだ、サービス提供者や顧客のリテラシーを高める工夫はないようですが、ここにもアイデアが加えられると、もっと素晴らしいサービスになるのではないでしょうか。

6 「サービスの価格付け」を論理的に考察する

「サービスの価格付け」は、難しいテーマです。例えば、システム構築サービスは、相変わらず構築にかかる人件費で価格を決めており、サービスの価値で決める形にはなっていません。価格付けについての解説の前に、お客様がサービスを得るために、支払っている対価を図6・11に沿って考えてみます。

まず、お客様は、サービス料金を対価として支払います。これは妥当な価格であれば、問題を感じません。次に、サービスを受ける場所が遠くて移動に時間がかかったり、人気のお店では長時間待たされることがあります。これは時間という対価を支払っていることになります。時間の対価は、忙しくて時間が貴重なお客様にとっては、耐え難い対価かもしれません。

この他に、稼働日や営業時間に制約があったり、セットメニューを強要されることもあります。これらは、制約に従うという対価を支払っていることになります。セットメニューを強要する対価はサービス提供者の「さもしさ」を感じてしまうため、筆者は許せない気になってしまいます。

さらに、使い方や手順が難しくて、サービスを受けるために努力を強要されることがありま

図6・11　サービスの対価

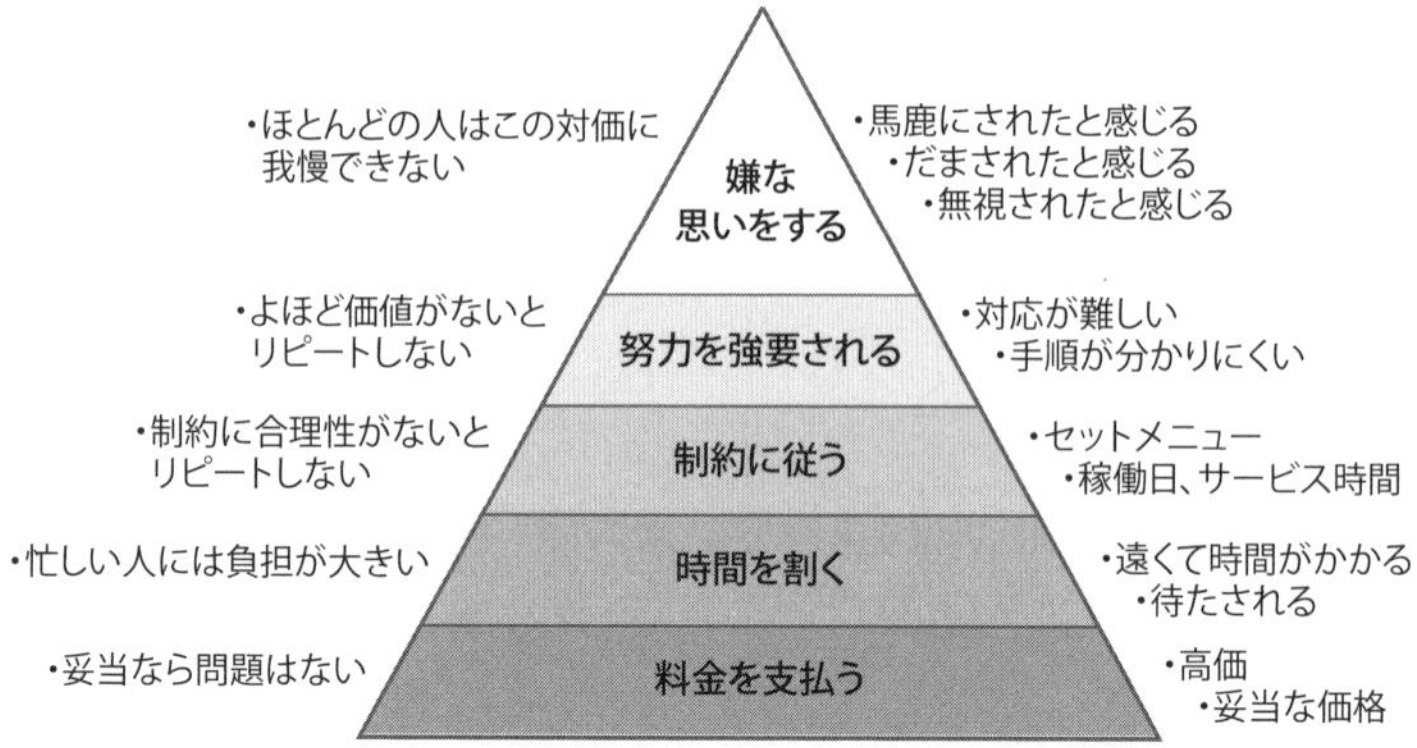

す。これが許せない人もいるでしょう。そして、究極の対価は、嫌な思いをさせられることです。例えば、平気でお客様を怒鳴りつける「強面ラーメン屋」などは、慣れている人には問題ないのでしょうが、慣れない人にとっては我慢できない対価となることでしょう。

サービスの価格付けには、サービスの価値が大きく関わりますが、価値だけで決まるわけではありません。**図6・12**のように「サービスにかかるコスト」や「サービスの需給バランス」や「競合企業のサービス価格」や「サービス会社の経営者の意思」などがサービスの価格を決める場合に影響を与えます。この辺りは、マーケティングの分野で深く議論されてきているので、参考にすべきだと思います。

図6・12　サービスの価格

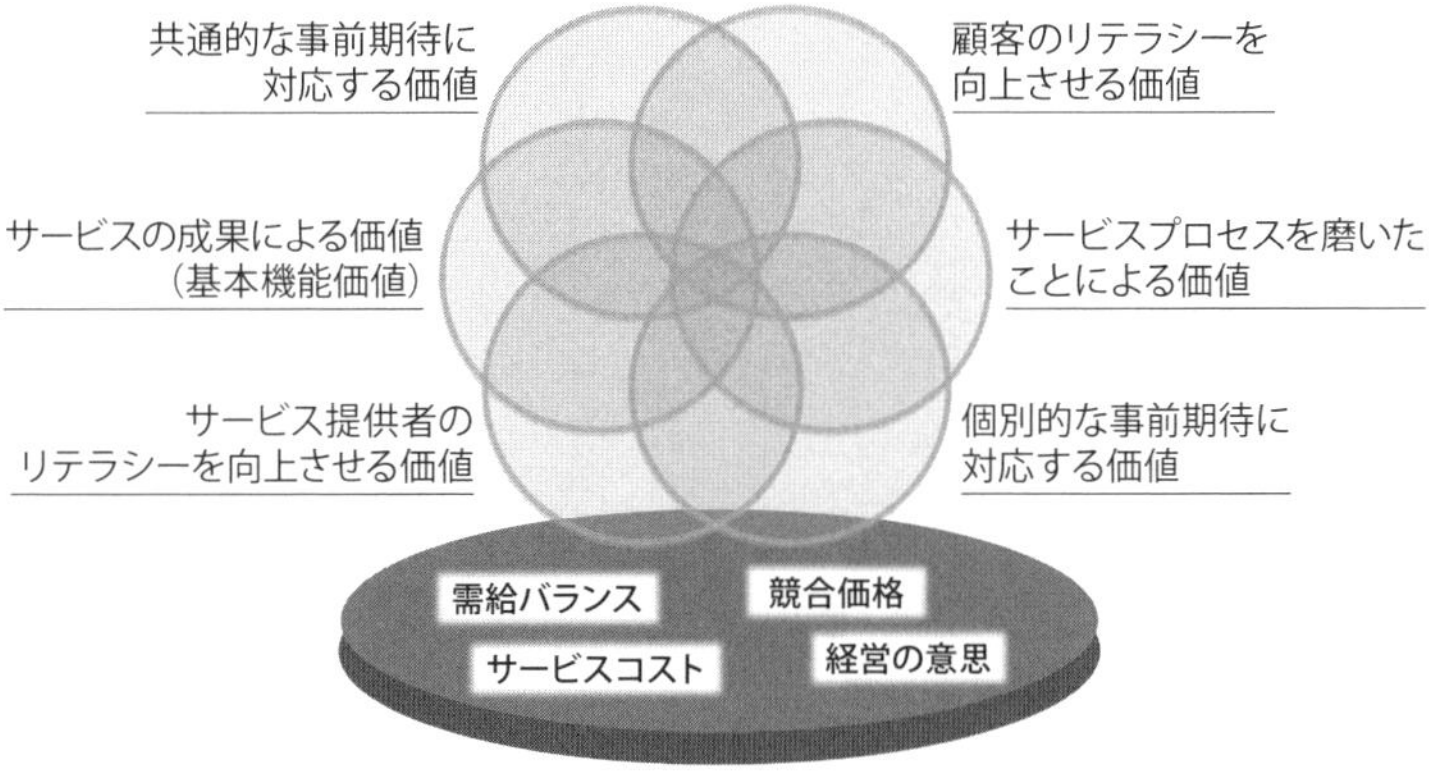

サービスの価格付けには、次のように考えるべきポイントがいろいろあります。「サービス・マーケティング原理」（クリストファー・ラブロック著、白桃書房）を参考にリストアップしておきます。

●**サービスの価格をいくらにすべきか**

回収すべきコスト、顧客は価格に敏感か、競合の価格、基本価格からの値引き、心理的価格設定

●**価格設定の単位は何であるべきか**

特定タスク、入場料、利用時間、手数料、消費された物理的資源、地理的な距離、対象の大きさや重さなど

●**誰が支払いを回収するのか**

サービス提供組織、中間業者（旅行代理店など）、中間業者への支払い

●どこで支払いがなされるべきか
配達先、小売店ないし中間業者、購買者の自宅
●いつ支払いがなされるべきか
配達の前後、1日のどの時間、1週間のどの曜日など
●どのように支払いがなされるべきか
現金、プリペイドカード、小切手、電子決済、クレジットカードなど
●価格はどのようにターゲット市場に伝えられるべきか
どのコミュニケーションメディア、どのようなメッセージ

ここまでの解説をまとめると、サービスの価格はサービスの価値を明確にして、そのサービスにお客様が支払う対価を具体化し、そこにマーケティング要素を考慮して決めることになるでしょう。

Ⅶ

「交換価値」「使用価値」「経験価値」「文脈価値」「感性価値」を解析して、サービスの価値の理解を深める

1 サービスにも交換価値があり、かかっているコストを見せることが大切である

サービスビジネスは、お客様に価値あるサービスを提供しなければなりません。サービス関連の書籍や論文には、**図7・1**のように「○○価値」という言葉が数多くでてきます。これらの言葉の中で、サービスの価値の本質を示す5つの言葉を対象に解説をしていきます。

サービスの5つの言葉を**図7・2**にまとめてみました。まず、私たちは経済学で「交換価値」を学びました。モノは他の

図7・1 サービスの価値を表す言葉

- **交換価値** プライスとコストの対比を重視
- **使用価値** サービスの成果を重視
- **経験価値** サービスのプロセスを重視、心理的・感覚的な価値
- **文脈価値** 文脈(コンテクスト)を踏まえて感じる価値
- **感性価値** 顧客の感性で感じ取る価値

- **感情価値** 感情的な価値、経験価値や感性価値で議論できる
- **知覚価値** サービスのコンテクストを重視(実感価値)
- **知識価値** 知識を得られる価値(違う意味でも使われている:著作権、特許権など)
- **付加価値** 「モノ」が有している価値とそれを生み出す元の「モノ」の価値との差のこと
- **生涯価値** 生涯にわたって得られる価値
- **紹介価値** 顧客紹介してもらう価値
- **共創価値** 経験価値の主たる要素
- **顧客価値** 顧客が受ける価値
- **提供価値** 提供者が顧客に与える価値
- **基本価値** ブランドが持つ機能的な価値
- **情報価値** ブランドが持つ情報の価値、情緒的価値ともいう

モノと交換することができ、その量的な比率を交換価値と言います。モノとモノの交換だけでは取り引きが不便なため、貨幣を介して交換するようになっていきました。ところが、マッサージのようなサービスはその場で消費されてしまうため、その価値を他のサービスと交換することはできません。ただし、サービスの提供にかかっているコストとサービス料金を比較して「割安感」や「お得感」のサービスの価値を感じることがあります。これをサービスの交換価値と言ってもいいのかもしれません。

筆者が所属していた保守サービス会社は、毎年の年度初めにお客様企業と年間保守契約を更改しなければなりません。このとき、年間保守費の値下げ交渉にいつも苦労していま

図7・2　サービスの価値の種類

した。お客様は「修理部品のコスト」と「現場までの交通費」、そして「移動と修理作業にかかる人件費」は意識されています。しかし、日本全国で修理現場に2時間以内に到着するための拠点網の維持コストやコールセンターの運用コストなどは意識されていません。これらの費用をお客様に公開して、適切に説明すると年間保守契約の料金が妥当なものであることを理解していただけます。自分の反省を込めて主張したいのは「サービスコストの透明化」が不足していると思います。お客様から高いと思われているサービス業は「サービスコストの透明化」を推進すべきです。サービス提供者とお客様が納得して、ウィンウィンの関係になれる工夫が必要です。

2 サービスそのものは交換できないので、サービスは使用価値で評価する

新車の自動車を購入したとします。もし、何らかの事情で、この自動車を手放すことになったときは、中古車販売店に持ち込めば、買った自動車を売却することができます。モノは交換価値を持っているからです。

ところが、マッサージサービスを受けたとします。どれだけ素晴らしいサービスでもこれを他人に譲ったり、売ることはできません。タクシーや宅配便も同じです。つまり、これらのサービスには交換価値がないため、サービスの価値は使用価値で評価すべきと言われています。サービスの評価は、サービスの成果の評価とプロセスの評価に分解できますが、ここで議論しているサービスの使用価値はサービスのプロセスの評価ではなく、サービスの成果を重視したものということができるでしょう。

3 最近のサービスは、経験価値であるカスタマー・エクスペリエンスが重視される

ぜひとも読者に理解していただきたいのが「サービスプロセスの評価」の重要性です。情報システム構築サービスで、予算通り納期も守って使えるシステムが稼働したのに、お客様から「次回は、このベンダーに頼む気がしない」と評価されることは、珍しくはありません。こういったケースの大半は、システム開発のプロセスで、仕様変更のたびに「変更したら納期は保証できませんよ」

とか「この変更は追加の見積もりが必要になりますよ」など、お客様を脅すような対応を繰り返して、お客様に不満な経験をさせてしまった結果、リピートしてもらえなくなるわけです。

このケースのようにサービスプロセスの良否を重視する場合は、サービスの価値は「使用価値」ではなく「経験価値」で評価します。今でも顧客満足をサービスビジネスの指標にしている企業は多いのですが、外資系の企業やサービス先進企業では「カスタマー・エクスペリエンス」を重視するようになってきています。これはサービスプロセスを重視した顧客満足を意味しています。「カスタマー・エクスペリエンス」は、個別的な事前期待に応えることが価値の中心になります。ハイレベルな「カスタマー・エクスペリエンス」が感動体験だと思います。この経験価値には、次の「文脈価値」や「感性価値」が含まれます。

4　サービスは、文脈（コンテクスト）により大きく価値が変化する

次は「文脈価値」です。どれほど美味しそうな料理でも、お腹が膨れていたら食べる気には

なりません。出先で突然雨が降ってきたら、ビニール傘は大変ありがたい存在ですが、晴れている日のビニール傘はゴミに近い存在です。

最近、高価なリストウォッチがよく売れているそうです。時計の基本機能価値は正確な時刻を知ることですが、数十万円とか百万円以上するようなリストウォッチは、時刻を知るために購入するのではなく「自分へのご褒美」とか「密かに他人に自慢したい」などに価値を感じて購入されているのでしょう。

つまり、お客様は文脈によって、価値の感じ方が大いに異なるということです。「文脈価値」はある文脈（コンテクスト）の「個別的な事前期待」に応えることや「状況で変化する事前期待」に対応したことによる価値です。

また、グローバルなサービスビジネスでは、対象国の文化もこの文脈となります。イスラム文化になじみの薄いレストランが「サービスを現地展開したけれども、ビジネスをうまく軌道に乗せられなかった」という話はよく耳にします。グローバリゼーションビジネスで成功している企業は、最後に現地の文化や習慣や好みなどの文脈に合わせるローカライゼーションをていねいに実践しています。これが成功の秘訣です。

5 コストを意識しない感性価値は、大きな付加価値を実現する可能性を秘めている

最後は「感性価値」です。これは、お客様の感性に訴える価値です。文脈価値は意識的に価値を評価するのに対して、感性価値は無意識で直観的に感じる価値です。一般に感性価値は、芸術や芸能を対象に議論されています。感性価値は、サービス価格に対するコストをあまり問題にしないという特徴があります。例えば、有名画家の絵を購入する際に、絵を描くためにかかったキャンバスや絵具などのコストは、誰も意識しないでしょう。したがって、コストを意識しない感性価値の高いサービスは、大きな付加価値を得ることができる可能性があり、今後のサービスビジネスにとって大いに追求すべき価値だと思います。

多くの自動車メーカーは、コストパフォーマンスのよい車を目指してきました。これは、交換価値を高める努力です。次に、最高速度や燃費効率などの使用価値を高めてきました。これらの努力を続けてきた結果、どのメーカーの車も同じようなスタイルや性能になり、自動車のコモディティ化が進んでしまいました。コモディティ化は価格競争を助長するため、大きな利益を上げるビジネスにはなりません。

ところが最近、マツダや富士重工のような中堅自動車メーカーが車の感性価値を上げようと

努力しており、その努力がマーケットで評価されつつあります。マツダは「陸上でもっとも速く走るチーターの美しい走り」をすべての車種に反映しており、若者やカーマニアの感性に訴えて、販売成果を出しつつあります。これは注目すべきことだと思います。

「交換価値」と「使用価値」から感じる顧客満足は、論理的満足が中心です。そのため「あたり前サービス」と評価されやすく、リピートされにくいと言えるでしょう。これに対して「経験価値」と「文脈価値」と「感性価値」は、感情的満足につながりやすく、サービスをリピートしていただけます。ところが、大半のサービス業は「交換価値」と「使用価値」だけしか意識していません。もったいないことです。

ここまでで、サービスの価値の高め方やサービスの用語について解説しました。このサービスの価値を収益に結び付けるためには、ビジネスモデルが必要です。

次章では、ビジネスモデルの作り方について解説したいと思います。

Ⅷ

サービスビジネスで利益を出すには ビジネスモデルが必要である

1　「サービスの価値」を高めて「顧客満足」を得るだけでは、サービスビジネスは成功させられない

サービスビジネスを成功させるためには、図8・1の左上のようにサービスビジネスを安定して継続させる必要があります。このためには、サービスで顧客満足と顧客ロイヤルティを高めて、リピーターを育成しなければなりません。

このためには、サービスプロセスを磨き上げる必要があります。サービスプロセスモデルには、サービス提供者が一方的に顧客にサービスを提供する「提供型サービスプロセスモデル」、サービス提供者が顧客の事前期待に合わせてサービスを提供する「適応型サービスプロセスモデル」、サービス提供者と顧客が共創してサービスを作り上げる「共創型サービスプロセスモデル」の3種類があります。先進的なサービス事業者は、サービスプロセスモデルを改善する努力を続けています。その成果もあって、多くのサービスビジネスはお客様に感謝され「ありがとう」をたくさんいただけるようになってきました。

それなのに、多くのサービスビジネスは、利益を出せなくて苦しんでいます。実は「高い顧客満足」や「数多くのありがとう」は、サービスビジネスの安定継続には大いに貢献してくれますが、収益向上にはダイレクトに貢献してくれないのです。このため、多くのサービスビジネ

図8・1　サービスビジネスを成功させるフレームワーク

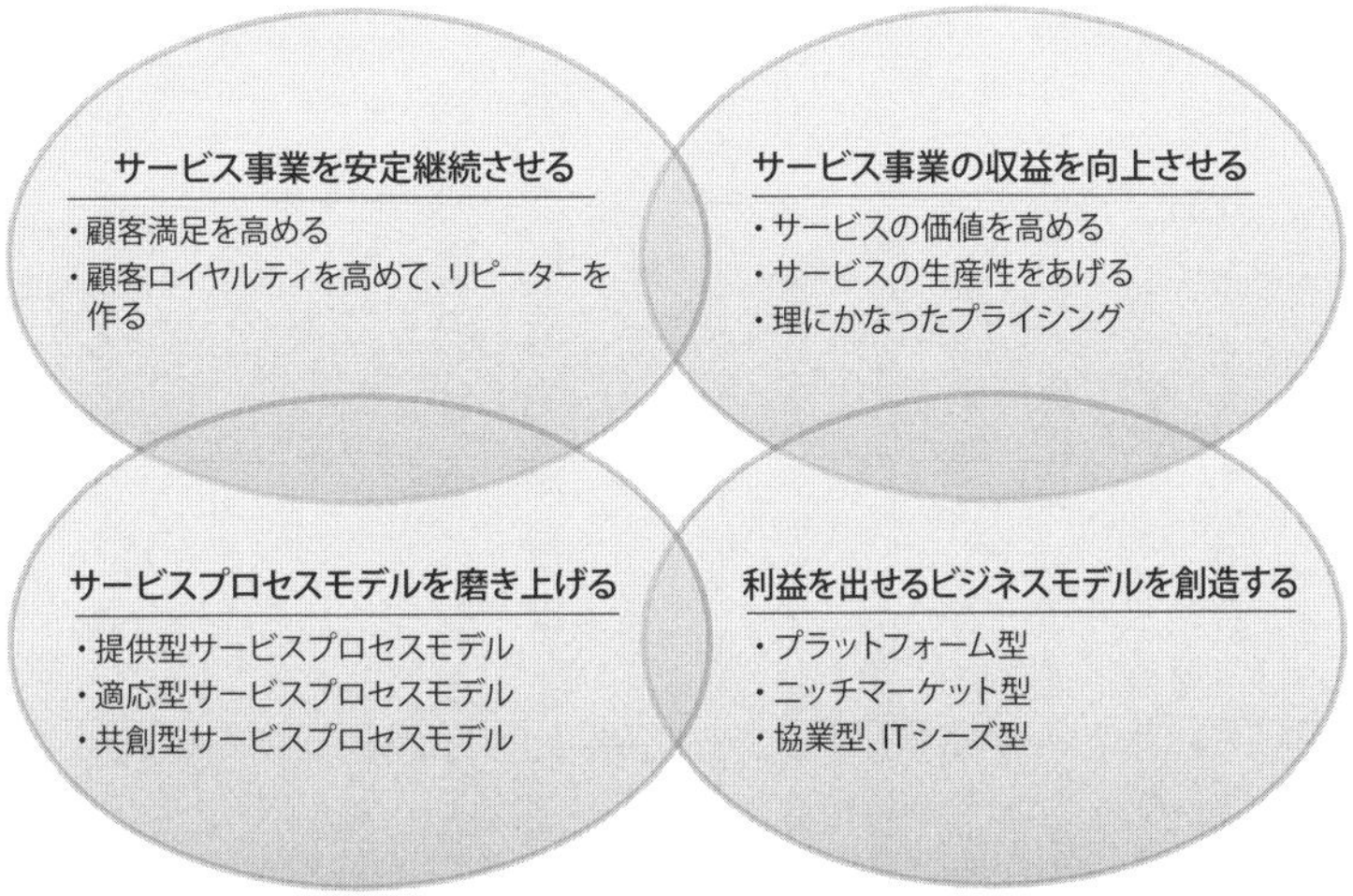
サービス事業を安定継続させる
・顧客満足を高める
・顧客ロイヤルティを高めて、リピーターを作る
サービス事業の収益を向上させる
・サービスの価値を高める
・サービスの生産性をあげる
・理にかなったプライシング
サービスプロセスモデルを磨き上げる
・提供型サービスプロセスモデル
・適応型サービスプロセスモデル
・共創型サービスプロセスモデル
利益を出せるビジネスモデルを創造する
・プラットフォーム型
・ニッチマーケット型
・協業型、ITシーズ型

スは、収益を向上させるために「サービスの生産性の向上」に取り組んでいます。もちろん、サービスの生産性の向上は必要な努力ですが、この努力だけではサービスビジネスに関わっている人たちを豊かにすることができません。

図8・1の右上「サービス事業の収益を向上させる」の箇所にあるように、サービスビジネスの収益を向上させるためには「サービスの生産性を上げる」ことだけでなく「サービスの価値を高める」ことと「理にかなったプライシング」を実現しなければなりません。これらを効果的に実現するためには「利益を出せるビジネスモデルを創造する」ことが必須です。「サービスの価値を高める」こ

とと「理にかなったプライシング」のためになすべきことはすでに説明してきましたので、本章では「利益を出せるビジネスモデル」について、解説したいと思います。

2 利益を出せるビジネスモデルを創造するための具体的な方法を学ぶ

2012年に多くの研究者の英知をまとめた「ビジネスモデル・ジェネレーション ビジネスモデル設計書(アレックス・オスターワルダー著、イヴ・ピニュール著)」という書籍が翔泳社から発刊されました(206ページ参考文献参照)。本書の冒頭に『どうすれば、古い時代遅れのモデルに対して疑問を投げかけ、挑戦し、変革できるのでしょうか。現場にいながら、先を見通すようなアイデアをもとに、ゲームのルールを変えるビジネスモデルを生みだすにはどうすればいいのでしょうか。本書はその答えを示すことを目指しています』と書いてありました。「ビジネスモデル・ジェネレーション ビジネスモデル設計書」でもっとも重要な知見は、**図8・2**のビジネスモデルキャンバスです。ここには、ビジネスモデルを創造するために必要な

9つの要素が定義されています。

①顧客セグメント

企業が関わろうとする顧客グループを定義する

②価値提案

特定の顧客セグメントに向けて、価値を生みだす製品とサービスを記述する

③チャネル

それぞれの顧客セグメントとどのようにコミュニケーションし、価値を届けるかを記述する

④顧客との関係

企業が特定の顧客セグメントに対してどのような種類の関係を結ぶのかを記述する

図8・2　ビジネスモデル・ジェネレーションのビジネスモデルキャンバス

❽パートナー	❼主要活動 / ❻リソース	❷価値提案	❹顧客との関係 / ❸チャネル	❶顧客セグメント
● ステークホルダーを明確化する ● アライアンス	❼主要活動 ● プロセスを明確化する ❻リソース ● 活用する資産を明確化する ● 強みの明確化	● 製品・サービスの価値を創造する ● 品質を向上させる ● カスタマイゼーション ● ブランド力の向上	❹顧客との関係 ● 顧客の事前期待を把握する ● セルフサービス ❸チャネル ● 販売チャネル ● インターネットを活用する	● 事前期待によるセグメンテーション ● マス or ニッチ

❾コスト構造	❺収益の流れ
● 固定コスト、変動費、コスト主導、価値主導	● 新規顧客、既存顧客 ● 使用料、購読料、レンタル、ライセンス ● 価格メカニズム

出典：「ビジネスモデル・ジェネレーション ビジネスモデル設計書」翔泳社
アレックス・オスターワルダー著、イヴ・ピニュール著

⑤収益の流れ
企業が顧客セグメントから生みだす現金の流れを表現する
⑥リソース
ビジネスモデルの実行に必要な資産を記述する
⑦主要活動
企業がビジネスモデルを実行する上で必ず行わなければならない重要な活動を記述する
⑧パートナー
ビジネスモデルを構築するサプライヤーとパートナーのネットワークを記述する
⑨コスト構造
ビジネスを維持するために必要な費用を記述する

各要素の詳しい解説は「ビジネスモデル・ジェネレーション ビジネスモデル設計書」にお任せすることにします。本書では、実際のビジネスでビジネスモデルを創造し、その実践で失敗や小さな成功を経験してきた筆者から、プラスアルファの知見を解説します。

「ビジネスモデル・ジェネレーション ビジネスモデル設計書」の「ビジネスモデルキャンバス」は、ビジネスモデルを描くために用意すべき要素をまとめたものです。これはビジネスモ

図8・3　ビジネスモデルを描き上げる

ビジネスモデルパレット　　ビジネスモデル（キャンバス）

デルキャンバスではなく、図8・3のように「ビジネスモデルパレット」という表現がフィットしていると思います。つまり、ビジネスモデルという絵を描くためのパレットに必要な絵の具を用意したという状態です。これ自体は、ビジネスモデルを描くために、極めて価値ある準備作業です。

しかし、絵心のない人はパレットに必要な絵の具を用意してもらっても、悔しいのですがそれだけではキャンバスに絵を描くことができません。素人には、ビジネスモデルを描くためのガイドやお手本の絵などが必要だと思います。

ビジネスモデルを描く前に、世の中で成功を収めているビジネスモデルを分析して、ビジネスモデルパレットの9つの要素を抽出してみると、ビジネスモデルの理解が進むと思います。タイプの異なるビジネスモデルを対象に、複数個のビジネスモデルパレットを描き上げてみてください。

当然のことですが、価値あるビジネスモデルを描き上げるためには、やはり創造力が必要です。世の中を席巻するような超Ａクラスのビジネスモデルは、才能と運がないと描けないかもしれません。しかし、サービスビジネスの生産性を高めるとか、サービスビジネスの利益率を高める程度のビジネスモデルは、トレーニングを続けて実践のキャリアを積めば必ず描けるようになると思います。

3 ビジネスモデルには「コラボレーション型」「プラットフォーム型」「ニッチマーケット発見型」「ＩＴシーズ活用型」がある

筆者は、２０００年頃にお世辞にも一流とは言えない保守サービス会社のサービス改革を指揮することになりました。極めて論理的なサービス改革を実施して、3年ほどで競合他社からベンチマークされるサービス会社にすることができました。この改革で、劇的なサービスの

図8・4　4つのビジネスモデル

- コラボレーション型ビジネスモデル
- プラットフォーム型ビジネスモデル
- ニッチマーケット発見型ビジネスモデル
- ITシーズ活用型ビジネスモデル

生産性の向上を成し遂げたわけです。しかし、サービスの生産性の改革には限界があるものも多く、この路線を延長するだけでは保守サービスビジネスの長期間の安定継続を見通すことができませんでした。

そこで「ビジネスモデルの創造」に着目して、サービスビジネスのさらなる成長を目指すことに挑戦しました。参考資料を読みあさり、ブレーンストーミングを繰り返し、思いつくまま約30個のビジネスモデルを作りあげました。できあがったビジネスモデルを分類してみると、**図8・4**のようになりました。これは、保守サービス会社に関連するビジネスモデルの分類なので、世の中のすべてのビジネスモデルに適用できるものではないでしょうが、参考にはなると思います。

4 コラボレーション型ビジネスモデルは、競合に負けないサービスプロセスを実現する

図8・5の「ビジネスプロセス結合型の協業モデル」では、複数社が自分の得意とするビジネスプロセスを提供し、トータルビジネスプロセスを構築します。できあがったビジネスプロセスは、マーケットで圧倒的な強みを発揮します。それぞれのメンバー企業は、自分の得意な仕事で適正な利益を得ることができます。このビジネスモデルが成功するためには、企業間のヒューマンインターフェースとITインターフェースの充実が必要です。ヒューマンインターフェースでは、とくにトップ同士の相性やコミュニケーションが大切です。

2社が連携するビジネスモデルは、古くから存在していました。もちろん2社でもよいのですが、3

図8・5　ビジネスプロセス結合型の協業モデル

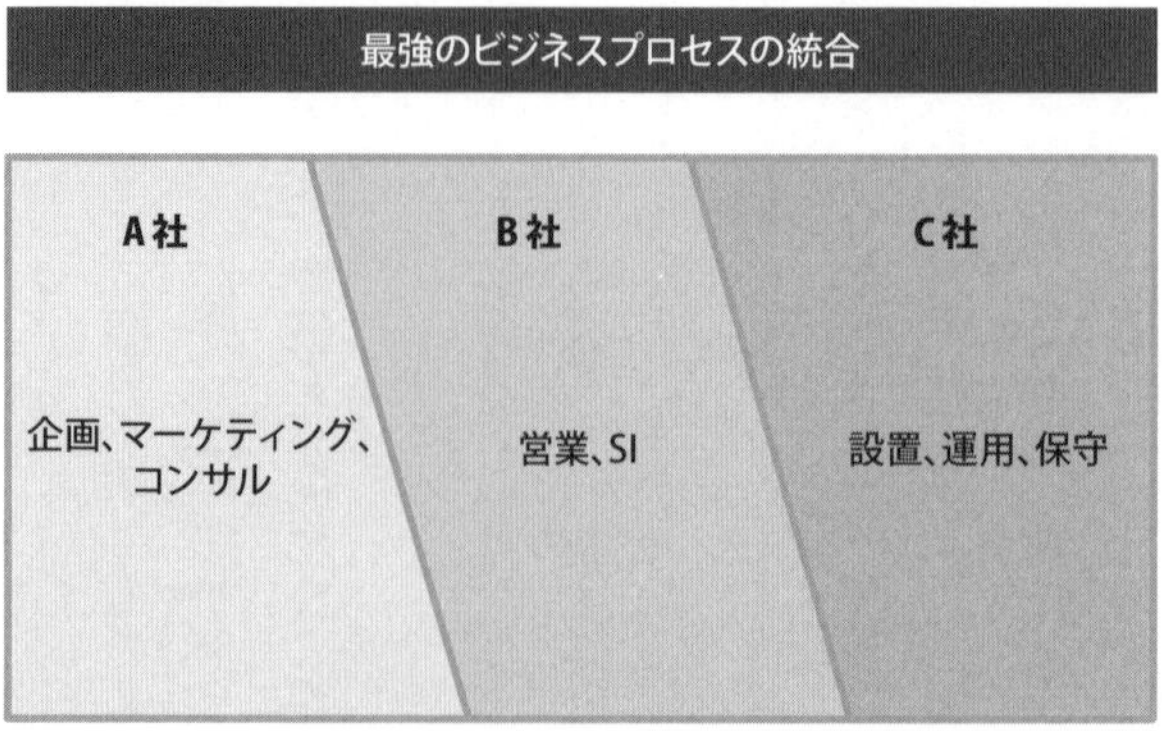

社以上がうまく連携すると、より素晴らしい強みを発揮できるでしょう。

システム構築ビジネスのテーマとして、コールセンターの構築があります。**図8・6**の事例は、ある大手システムベンダーが中堅のメーカーからの提案要請に応えようとしているものです。普通、システムベンダーは、既成のCRMパッケージをベースにしたシステム構築を提案します。その際に、システム構築後のシステム運用のアウトソーシングも提案するかもしれません。

筆者は、この提案を要求された企業は、それなりの運用ができるコールセンターがほしいのではなく、お客様に喜んでいただけるアフターサービスを実現したいに違いないと考えました。ネットで検索してみると、この中堅企業は全国に約30箇所のサービス拠点からアフター

図8・6　システムインテグレーターとの協業

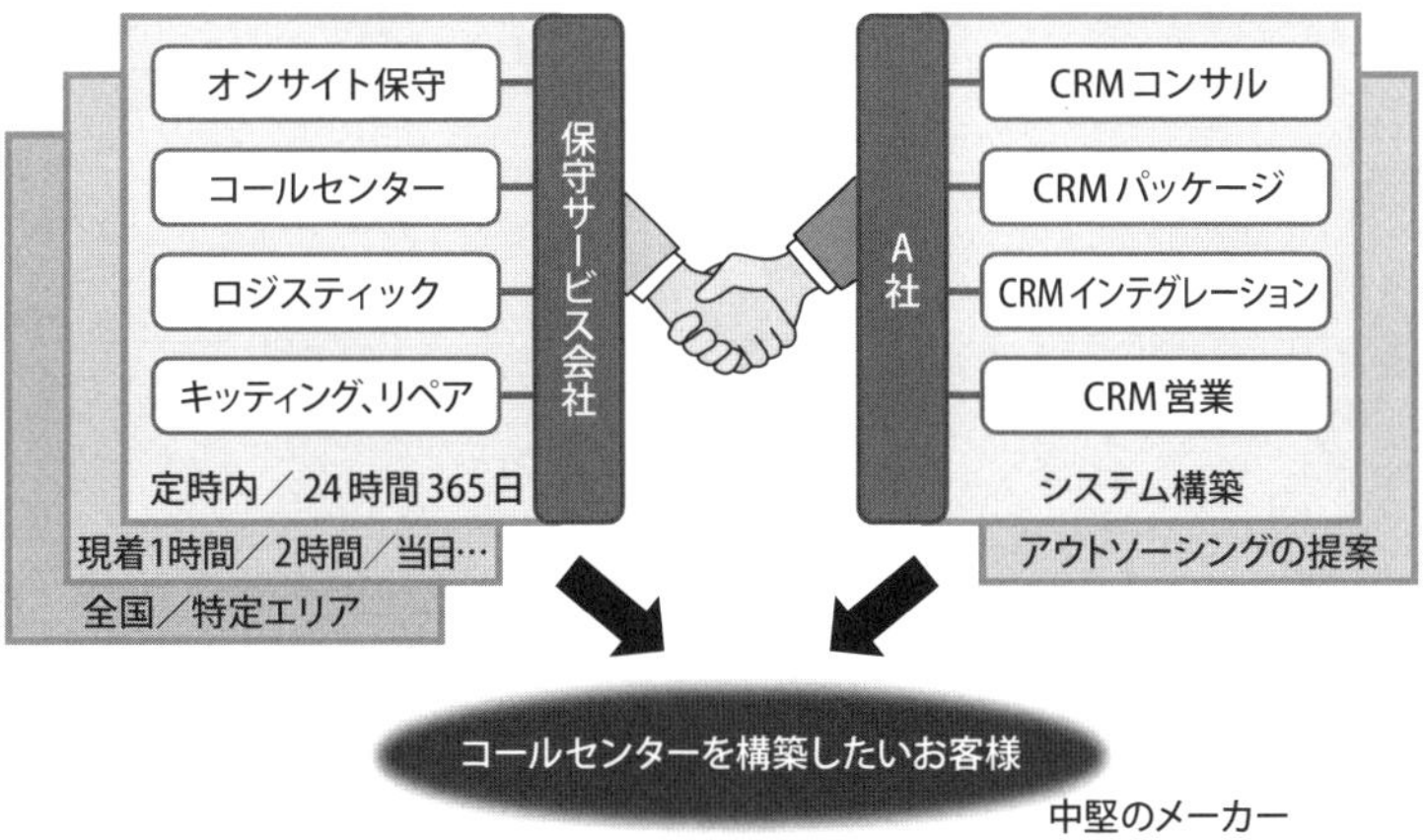

サービスを提供していることが分かりました。東京や大阪近郊にはいくつかサービス拠点があり、それなりに迅速な保守サービスを提供できているようですが、北海道や東北、四国、九州はサービス拠点があまりなく、競争力のあるサービスの実現は難しいと感じました。

そこで、大手システムベンダーから相談を受けた際に、「お客様からの提案要求はコールセンター構築ですが、この企業が苦手としている地域の保守サービスのアウトソーシングの項目を入れると魅力的な提案になる」と主張しました。この提案は、真の顧客中心提案になっており、お客様から高い評価を得ることができました。これは、コラボレーション型ビジネスモデルの一例だと思います。

5 プラットフォーム型ビジネスモデルは、お客様の共有やリソースの共有を実現する

図8・7のプラットフォーム型ビジネスモデルの一例として、ショッピングモールがあります。多くの店舗がひとつのショッピングモールに集まると、集客しやすくなります。また、ショッ

ピングモールのブランド力が個店の信用を高めてくれます。そして、駐車場やトイレ、警備などのリソースを共有できることも運用のコストダウンの大きなメリットです。このビジネスモデルは成功事例が多いため、全国に展開されています。

筆者は現役だった頃に、異業種交流会を主催していました。私から見て価値観の合いそうなメンバーに声を掛け、3カ月に1回のペースで集まっていました。**図8・8**のように銀座の焼き鳥屋に集まって、楽しく勉強会や情報交換会をやっていました。この会そのものは、割り勘で誰も利益を上げる人はいませんが、参加している人のつながりから新しいビジネスが生まれていました。これもプラットフォーム型ビジネスモデルのひとつだと思います。

コンビニを対象にしている中堅の保守サービス会社（A社）が**図8・9**のような面白いビジネスモデルを

図8・7　プラットフォーム型ビジネスモデル

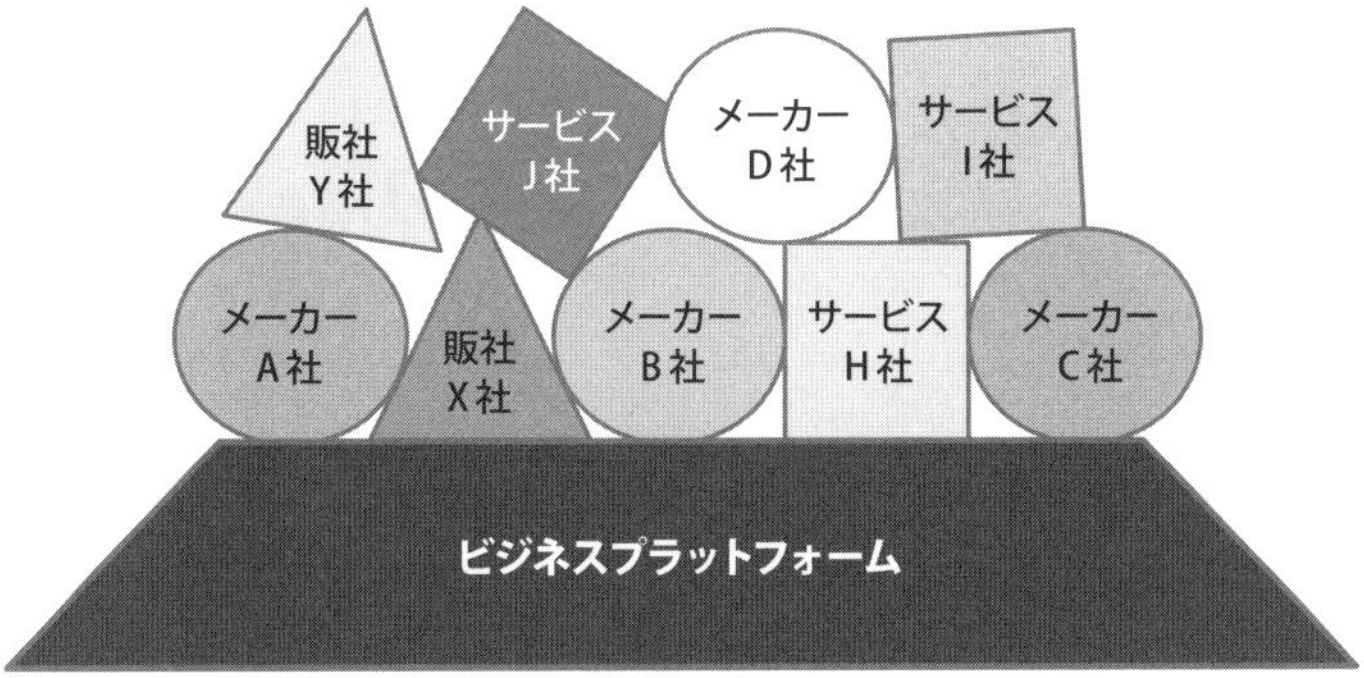

図8・8　勉強会型ビジネスモデル

運用していることを知りました。この会社は「コンビニの店長さんの困っていることは何でも支援します」をコンセプトにして頑張っています。実は、コンビニのオーナー店長は、寝る間もないほど忙しい毎日を送っています。昼間はアルバイトやパートタイマーのサービスマネジメントをしなければなりません。そして、夜間は自らレジを担当します。

このようにクリティカルな運用をしているのに、お店のレジが故障したり、急にアイスクリームの冷凍ケースの温度が上がりだしたり、駐車場のアスファルトにへこみができたり、突発的に問題が発生します。そのたびに、その製品の製造メーカーのサービス部門に電話をかけ、街の工務店に連絡して、問題を解決しなければなりません。すぐに電話がつながらなかったり、訪問時間の連絡がなかったり、予定時間に来てくれなかったり、進捗管理をやるだけで大変です。

図8・9　コンビニへのワンストップサービスビジネスモデル

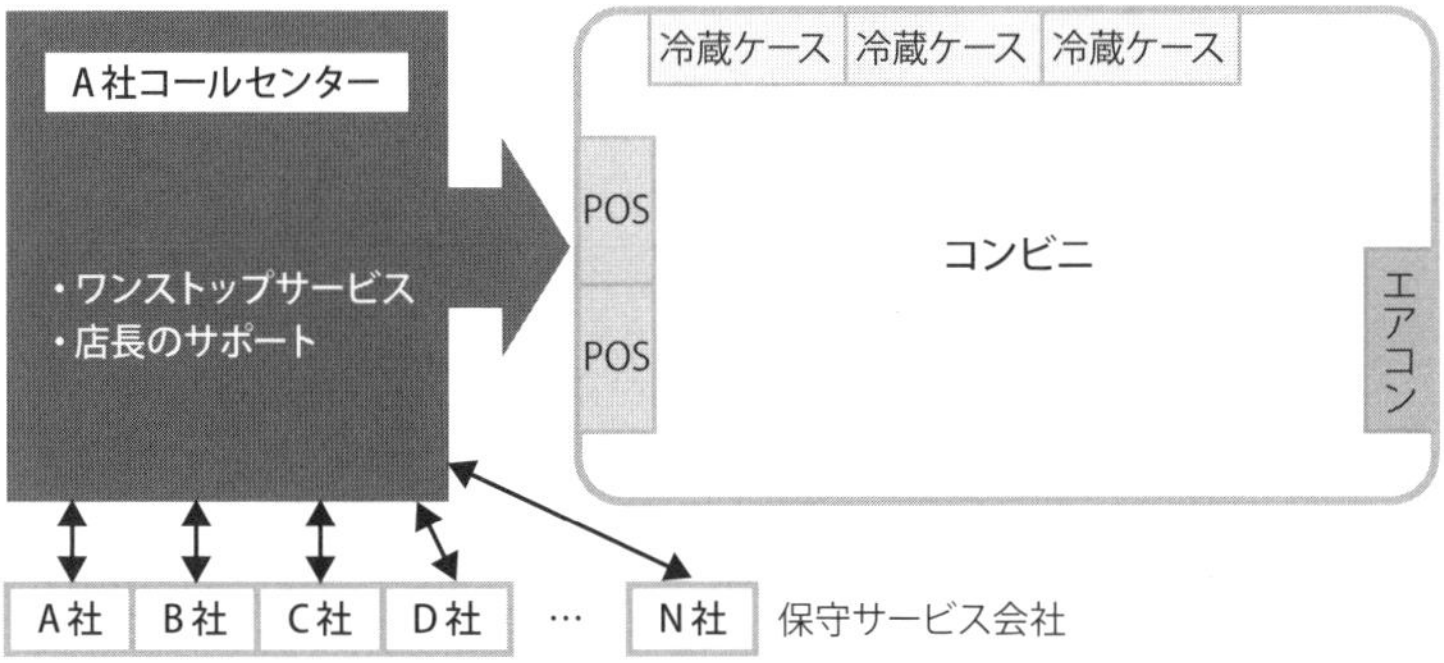

これらの問題を解決するために、A社はコンビニの店長さんの困っていることは何でも支援するビジネスを展開しています。自分たちで修理できる機器は、自分たちで修理し、ATMのように自分たちでは修理できない機器は、店長に代わってATMメーカーのサービスセンターに修理を依頼して、作業の進捗を管理しています。つまり、店長にすると、A社のコールセンターに連絡さえすれば、あとはすべて対応してくれるという便利なワンストップサービスになっています。これもプラットフォームビジネスモデルの一例だと思います。

プラットフォーム型ビジネスモデルには「ネット通販の楽天」のようにプラットフォームを提供するビジネスとそのプラットフォームを活用するビジネスが存在します。プラットフォーム型ビジネスモデルは、比較的分かりやすいため、ビジネスモデルの初心者には馴染みやすいと思います。

6 ニッチマーケット発見型ビジネスモデルは、競争が少なく妥当な利益をもたらす

オムロンの保守サービス会社での実話です。九州のある銀行からATMのリプレース商談がありました。当然のことですが、受注活動に入りました。そのとき、裏情報で「ある離島にオムロンが保守サービス拠点を作ったら、間違いなく注文がもらえる」との話が入ってきました。オムロン本社は乗り気でしたが、オムロンの保守サービス会社にとっては、赤字拠点になることが目に見えていました。しかし、大きな商談でしたので、受注することになりました。

開設から2年ほど経っても、やはりその拠点は赤字が続いていました。営業会議の席でその赤字がやり玉にあがりました。ある担当が「その島にある他社のATMの保守サービスを受注したらどうだろう」と発言しました。ビジネスで競合している会社のATMの保守サービスをやらせてほしいと提案するのは、勇気がいりました。ところが、提案してみると「本当にやっていただけるのですか」と言われて、あっさりと受注することができました。

このスタイルを**図8・10**にあるように「離島支援ビジネスモデル」と名付けました。不思議なことに、ビジネスモデルに適切な名前が付くと、ビジネスモデルが応用しやすくなります。そして、このビジネスモデルを北海道に適用することになりました。北海道の信号機はオムロ

図8・10 離島支援ビジネスモデル

ンが担当しており、いくつかのサービス拠点がありました。しかし、多くのメーカーやベンダーは札幌以外にはほとんど拠点がなく、保守サービスへの不満が高まっていました。

そこで、コンピューターサーバーを北海道で販売しているベンダーに保守サービスを売り込みに行きました。これも比較的容易に受注につなぐことができました。その後は、山陰地方や四国や東北などの保守サービスを受注していきました。ニッチマーケット発見型ビジネスモデルは、競争が少なく妥当な利益をもたらしてくれる価値あるビジネスモデルです。

図8・11　サンセットビジネス運用支援ビジネスモデル

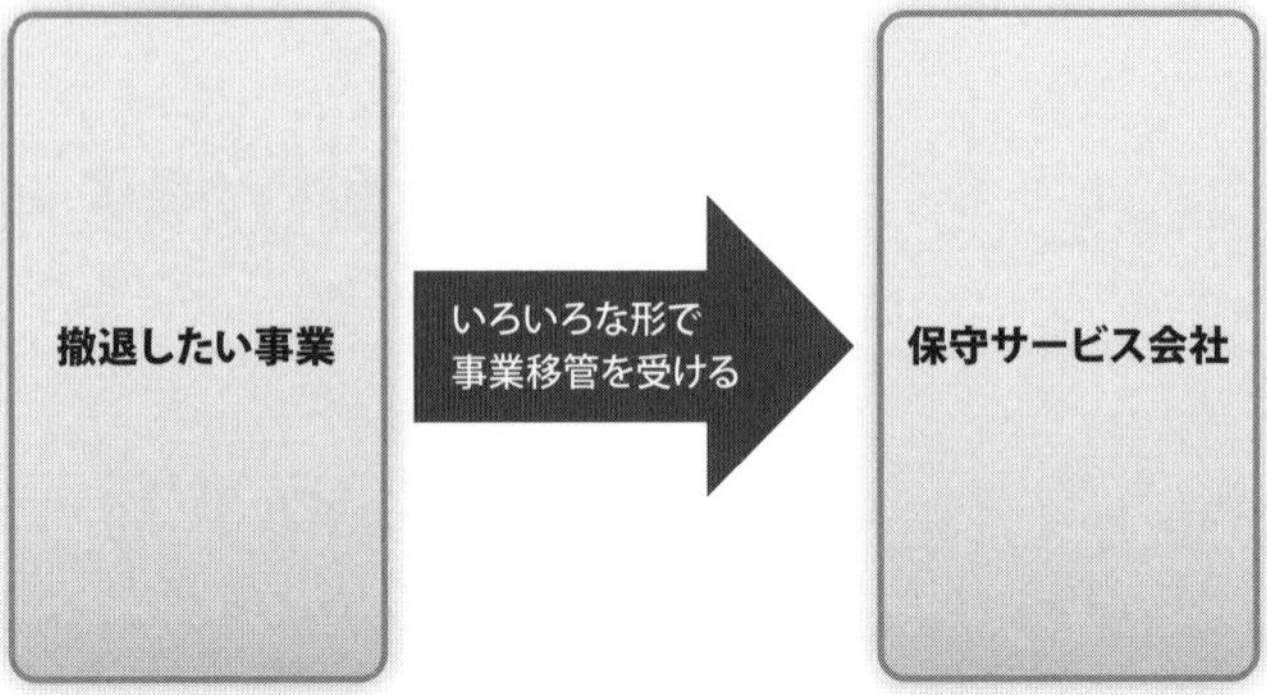

日本の製造業では、ビジネスの選択と集中の構造改革が盛んに行われています。このため、多くの事業が収束に向かいます。製品の生産停止は自社の決断で行えますが、フィールドで使われている製品のサポートは続けるしかありません。大手の製造メーカーは、自社の社員には主力機種を担当させ、生産停止になった製品のサポートはできるだけ外部のサービスベンダーにアウトソーシングをしたいと考えます。しかし、多くのサービスベンダーも数年でなくなってしまうサービスビジネスには手を出したがりません。

この他社が受注したくないサポート事業を積極的に引継ぎ、収益源としていくのが**図8・11**の「サンセットビジネス」です。サンセットビジネスは競争がないため、比較的高めのサービス単価がセットされるため、利益を出しやすいサービス

図8・12　コールセンター固定費の変動費化支援ビジネスモデル

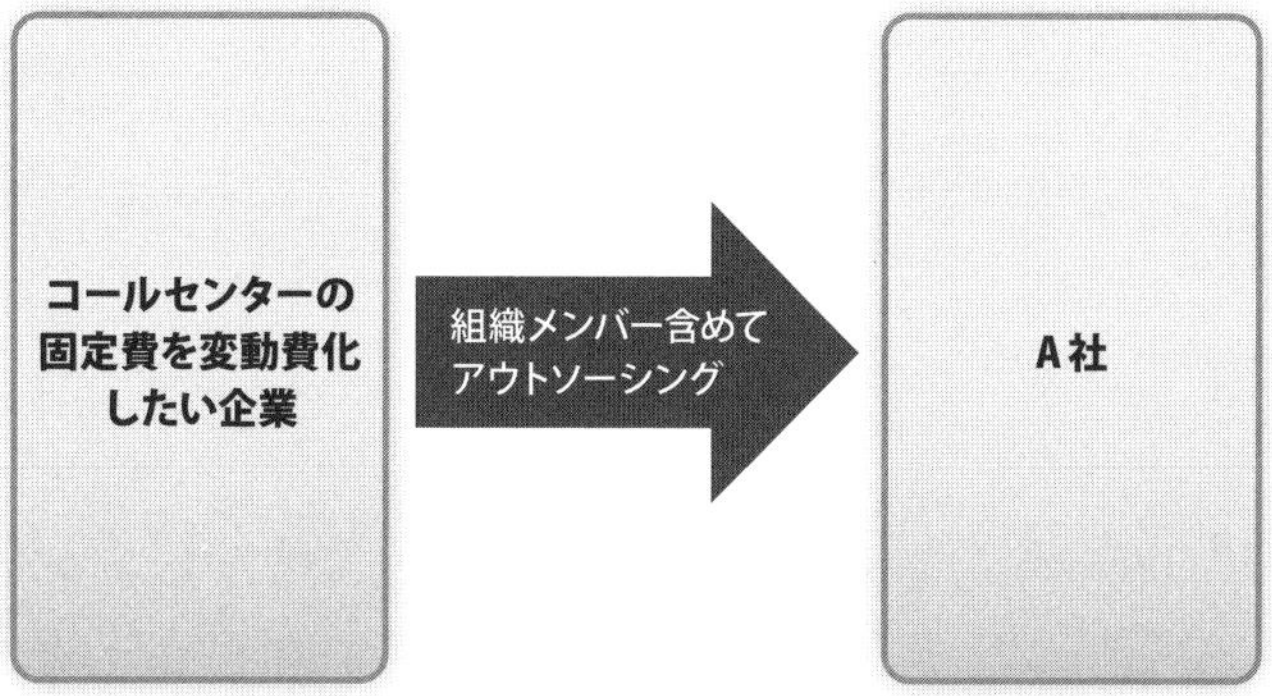

ビジネスになります。つまり、サンセットマーケットは、極めてニッチで有望なマーケットです。

多くの企業がコールセンターを作って、お客様の問い合わせ対応サービスやクレーム対応サービスなどを運用しています。最初は少人数でスタートしますが、気が付くと3ケタの人数になってしまうことはよくあります。高価なデジタル交換機や情報システムなども含めると、非常に大きな固定費になってしまいます。将来の経営リスクに備えて、固定費を変動費化するために、**図8・12**のA社は、コールセンターのオペレータと諸設備をすべて引き受け、その企業のコールセンターをアウトソーシングの形で、ほぼそのまま運用しています。これは、リストラ支援ビジネスモデルであり、ニッチマーケット発見型ビジネスモデルのひとつです。

7 ＩＴシーズ型ビジネスモデルは巨大なサービスビジネスを創造する可能性を秘めている

図8・13のように、インターネットをインフラとした新しいビジネスモデルが次々に生まれています。インターネットを使うと、小さな投資でグローバルを対象としたビジネスを創造することができます。売り物がコンテンツやサービスであれば、ロジスティックコストがかからないため、比較的安価な料金を設定することも可能です。

筆者がオムロンの保守サービス会社でＩＴインフラサービスのビジネスモデルを創造していた頃、**図8・14**のようにサービス事業で活用できるリソースを一

図8・13　ITシーズ活用型ビジネスモデル

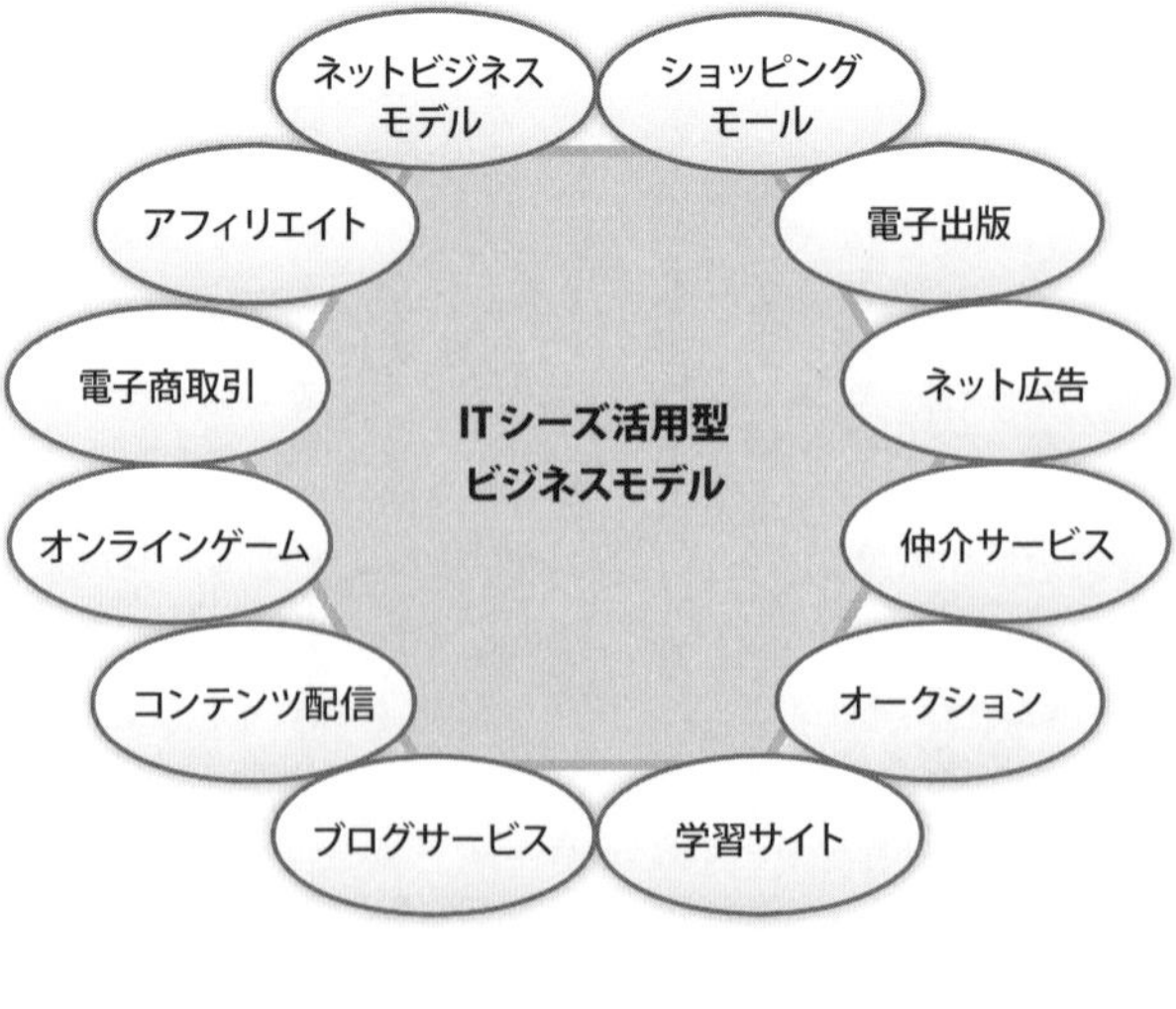

図8・14 ITインフラサービス事業のリソース

サービス	得意	対象製品	得意	利益	お客様	量	利益
オンサイト保守サービス	A	PC	A	C	コンピューターメーカー	A	C
センドバック保守サービス	C	PCサーバー	B	B	IT機器ベンダー	B	B
設置サービス	B	Unixサーバー	C	A	事務機器メーカー	B	B
キッティングサービス	B	ネットワーク機器	B	B	家電量販店	A	C
テクニカルサポートサービス	A	PBX	A	A	エンドユーザー	C	A
運用監視サービス	C	IP-Phone	B	B	家電メーカー	B	B
ロジスティックサービス	B	デジタル家電	B	B	ネットワークプロバイダー	B	B

ITスキル	得意	ビジネスインフラ	活用	付加価値アップトッピング	活用
PC	A	コールセンター	C	緊急対応	A
PCサーバー	A	ロジスティック	C	24時間対応	B
Unixサーバー	B	情報システム	B	地方対応	B
インフラアプリ（オラクルなど）	C	研究開発	C	柔軟対応	B
データ系ネットワーク	B	キッティングセンター	C	情報公開対応（高い透明度）	A
音声系ネットワーク	A	監視センター	C	コンサルティング（知識を売る）	C

覧表にまとめました。この表を見ながらビジネスモデルの議論を進めると、ビジネスモデルのイメージが具体化しやすく効率的でした。ぜひ、参考にしてください。

さらに、ＩＴ系のビジネスモデルを議論する際には、**図8・15**を参照していました。新しいサービスビジネスの売り上げは、「サービスの価格×顧客数×リピート数」で決まります。サービス単価は、10円ぐらいから10万円ぐらいの幅がありそうです。ネットビジネスの顧客数は、ひとりから1億人ぐらいの大きな幅があります。利用回数は、年間1回から100回ぐらいの幅になりそうです。これから考えると、巨大な売り上げを目指すのであれば、巨大な顧客数を獲得するビジネスモデルを考えるのが妥当だということになります。

図8・15　サービスの売り上げを決める要素

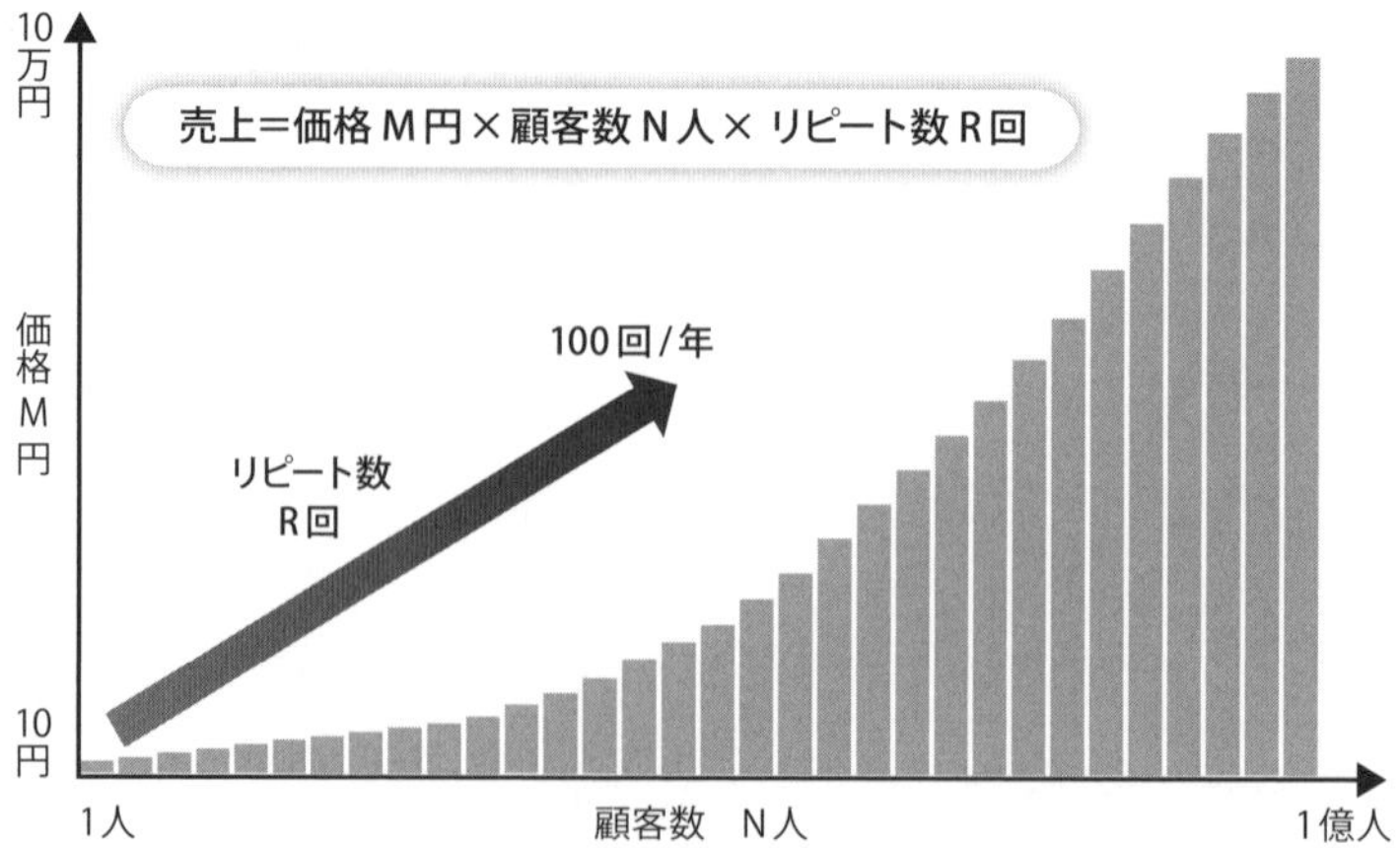

ネットビジネスの場合は、コンテンツやサービスがデジタル化されるケースが多いので、無限にコピーできたり、インターネットを使ってゼロコストでお客様に配信できることが大きな利点です。

8 ビジネスの組み立ての巧みさで勝負するビジネスモデルマーケティングは有望である

今のマーケットでは、製品やサービスの品質がいいのはあたり前になってきています。したがって、競合企業との価格競争が激烈になってきています。このことがデフレ経済の原因のひとつになっているのだと思います。限度をわきまえない低価格競争は企業の体力を奪ってしまい、関連しているすべての企業が疲れきってしまいます。

最近では、商品を開発する際の技術力の高さも企業競争の決め手ではなく、特許などでうまく守らないと、すぐに競合商品が登場して競争力が低下してしまいます。本当に、どのようにすればうまく事業を運営できるかが分からなくなってきている時代だと思います。

筆者は、この時代は「ビジネスの組み立ての巧みさで競争する時代」に入ってきたと思って

図8・16　ビジネスモデルマーケティング

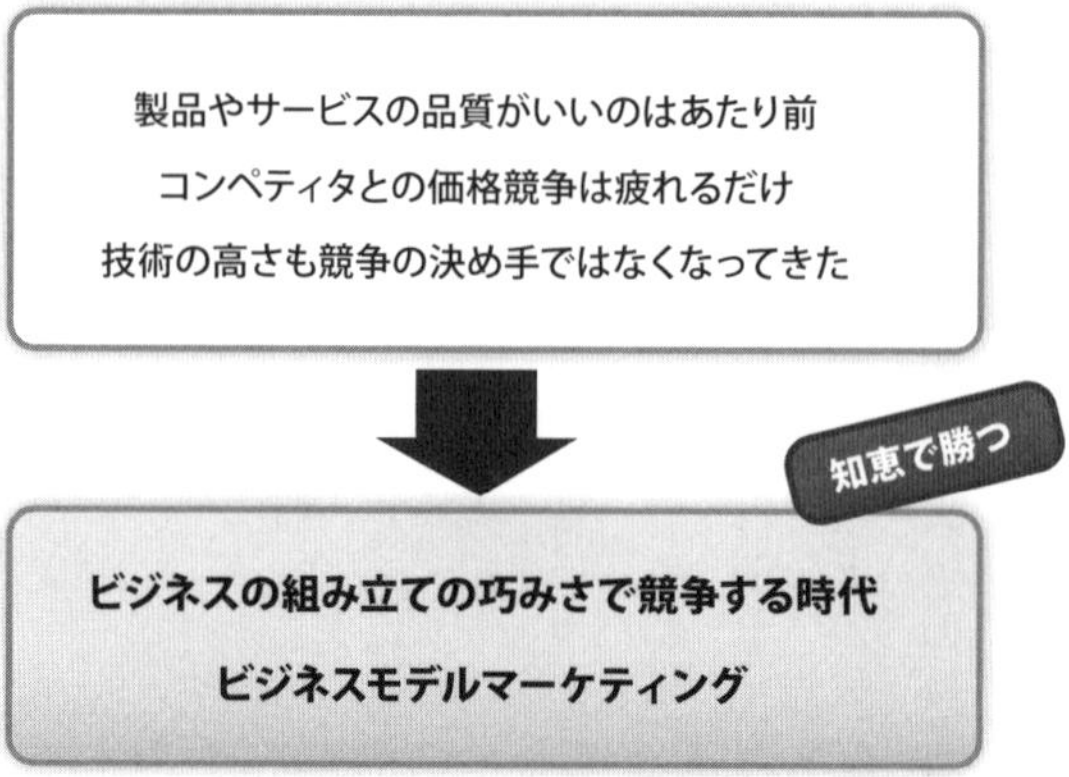
製品やサービスの品質がいいのはあたり前
コンペティタとの価格競争は疲れるだけ
技術の高さも競争の決め手ではなくなってきた
知恵で勝つ
ビジネスの組み立ての巧みさで競争する時代
ビジネスモデルマーケティング

います。例えば、パソコンのD社は「ダイレクトビジネスモデル」を構築し、この強みで一時期は一人勝ちしていました。ビジネスは、**図8・16**のように知恵で勝負する時代になったのではないでしょうか。筆者はこれを「ビジネスモデルマーケティング」と名付けて、推進していました。

かつては、企業の経営リソースは人・物・金と言われていました。その後、これに情報や知識が追加されました。しかし、この厳しく競争するビジネスの世界では、ビジネスモデルがもっとも重要な経営リソースになってきたと思います。とはいうものの、**図8・17**のように製品やサービスの創造、開発、改良の努力は続けなければなりません。それと同時並行で、ビジネスモデルの創造、開発、改良の努力が必要で

図8・17　これからの経営モデル

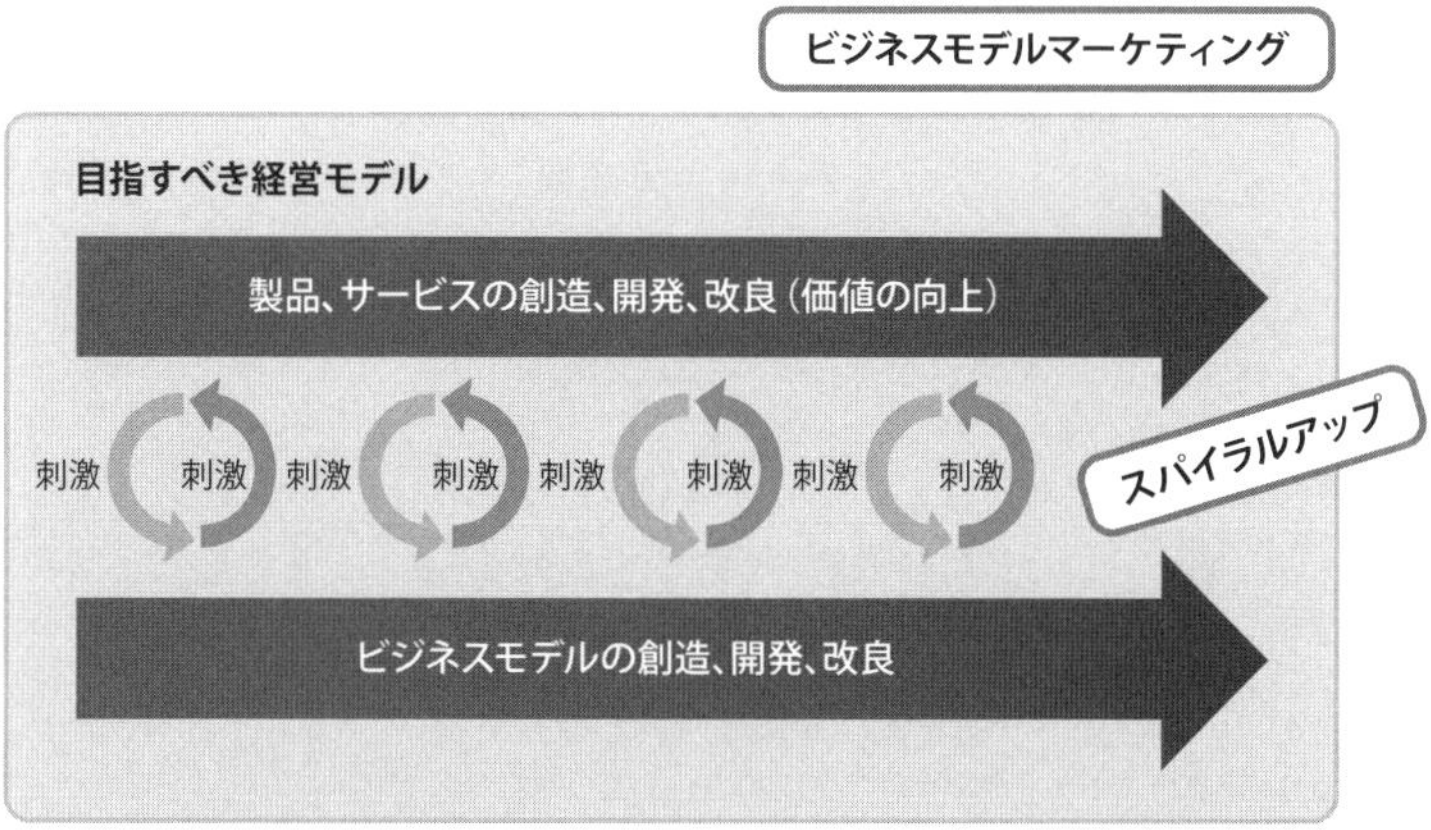

す。この二つの努力は、お互いに刺激しあって素晴らしいビジネスを構築していくのだと思います。

ビジネスモデルマーケティングを具体化しやすくするために、世の中のビジネスの種類とその特性を図8・18にまとめました。「ハードウエア商品」が中心のビジネスは、製造メーカーが主導権を持つプロダクトアウト型のビジネスになります。また、これらのビジネスは取り引きが毎年継続するとは限らないフロー型になる確率が高いということができます。このビジネスは製品が中心のビジネスなので、よい製品さえあれば営業マンひとりだけでビジネスすることが可能ですし、企業自身が魅力的ではなくても製品さえよければビジネスを進めることは可能です。「ソフトウエア商品」が中心のビジネ

図8・18　ビジネスの種類とその特性

ビジネスの種類		ビジネス形態		営業形態	スターの必要性	企業の魅力	必要なもの
ハードウエア商品ビジネス	プロダクトアウト	フロー	単独	一般営業	×	☆	商品
ソフトウエア商品のビジネス	プロダクトアウト	フロー	単独	一般営業	×	☆	商品
サービス商品のビジネス	マーケットイン	フロー ストック	単独 協業	一般営業 トップセールス	☆	☆	商品 実績
製品中心のソリューションビジネス	マーケットイン	フロー ストック	単独 協業	一般営業 トップセールス	☆	☆	商品 実績
サービス中心のソリューションビジネス	マーケットイン	フロー ストック	単独 協業	一般営業 トップセールス	☆☆	☆☆	商品 実績
お客様ニーズに対応したソリューションビジネス	カスタマイン	フロー ストック	単独 協業	一般営業 トップセールス	☆☆	☆☆	知恵 実績
ビジネスモデル型ソリューションビジネス	カスタマイン	ストック	協業	トップセールス	☆☆☆	☆☆☆	知恵 人脈

スもほぼ同様の形態といえます。

　これに対して、「サービス商品」のビジネスには、フロー型もありますが取り引きが毎年継続するストック型になる確率が高くなります。システム構築サービスのように高価なサービスビジネスは、一般営業だけでは受注が難しく、トップセールスが必要になります。サービスビジネスは商品がよいということを見せるのが難しいため、「ビジネスの実績があるかどうか」を必ず確認されます。

　また、「製品中心のソリューションビジネス」は、マーケットインビジネスになります。製品中心のソリューションビジネスはフロー型が多いのですが、一部は取り引きが継続するストック型になることもあります。ソリューションビジネスは製品販売と比較すると、協業型になる確率が高いといえます。そして、「サービス中心のソリューションビジネス」は、見える化ができないために、企業の魅力やその企業にスターが存在することが重要だと思います。

これに対して、「お客様のニーズに対応したソリューションビジネス」や「ビジネスモデル型ソリューションビジネス」は、顧客ごとに対応するカスタマイン型のビジネスです。とくにビジネスモデル型ソリューションビジネスは、ストックビジネスになることが多いといえます。そして、このビジネスは協業型であり、営業活動は一般営業では難しく、トップセールスが必須です。また、このビジネスには魅力あるスター経営者が必要であり、企業の魅力も欠かすことはできません。そして、ビジネスモデル型ソリューションビジネスには、知恵と人脈が必要です。

オムロンの保守サービス会社は、ビジネスモデル型ソリューションビジネスを追求し、知恵と人脈で勝負する会社になろうとしていました。社会の縁の下の力持ち的な保守サービス会社がこのようなことを考えていたのです。次は、サービス企業を絶え間なく強化していく「イノベーション」について解説します。

Ⅸ

絶え間のないイノベーションで、サービスビジネスに勝ち続ける

1 イノベーションには「新商品や新サービスの開発」「サービスプロセスの変革」「諸制度（ビジネスルール）の変革」「ビジネスモデルの創造」がある

多くの製品がコモディティ化に悩まされています。コモディティ化とは、「ありふれ化」と言い直すことができます。こうした現象は、製品のデジタル化と需要を上回る供給力の常態化が引き起こしています。分かりやすいので、普及品のパソコンを例に挙げてみます。どのメーカーのパソコンも、技術的にも品質的にもほとんど差がなくなってしまっています。その結果、商品を選択する基準が価格だけになってきています。こうなると、ますます厳しい価格競争にさらされ、商品の価格はさらに下落していきます。

こうしたコモディティ化の流れの中で、他社よりも高い顧客満足を実現するために、セールスやアフターサービスを強化するサービスのイノベーションに取り組む企業が増えています。

筆者が取り組んだオムロンの保守サービス会社のイノベーションは、アフターサービスのイノベーションでした。このプロジェクトを立ち上げた頃は、どの企業もアフターサービスは「おまけ」程度の認識で運営されていました。そこに、ITをフル活用し、徹底的なサービス改革をやりとげると、わずか3年で二流のサービス会社が一流企業のベンチマークの対象となる企業にイノベーションできました。この事例は「サービスプロセスの変革」と「ビジネスモデルの創造」が中心のイノベーションでした。

もちろん「新商品や新サービスの開発」は、重要なイノベーションです。IoTなどインターネットやITを活用する新商品や新サービスが次々とマーケットに登場しています。新製品に付加価値や魅力を与えるサービスも重要な時代になっています。製品そのものだけではあまり利益を見込めなくても、アフターサービスで利益を生みだし、アフターサービスを価値あるストックビジネスに育てていこうとしている企業が増えています。

「諸制度（ビジネスルール）の変革」は、一民間企業だけで取り組むのは難しいと思いますが、政府や地方公共団体とタイアップしたプロジェクトであれば、諸制度変革のイノベーションを具体化できると思います。多くの「特区構想」は、簡単には変革できない規制改革を実現しようとしているのだと思います。

2 イノベーションには、画期的な変革と小さな改善を繰り返す変革がある

イノベーションというと、「世の中にない商品やサービスを生みだす画期的な変革」をイメージしがちですが、小さな改善を何回も繰り返す変革がビジネス全体を成功に導いているケースが大半です。サービスビジネスは「見える化」が極めて重要です。筆者が実践した保守サービスの「見える化」は、地味な改善の繰り返しでした。現場に出かけているサービスマンが今どこにいて、作業状況がどうなっているかが分からないと、価値あるマネジメントはできません。

作業進捗を報告するための情報システムを構築し、サービスマンにもきちんとシステムに報告を入力する習慣を身に付けてもらうことが必要でした。情報システムの構築は、それほど難しいテーマではありませんでしたが、1000人以上の社員に進捗報告を漏れなくリアルタイムに入力してもらう努力は大変でした。「小さな改善を何回も繰り返す変革」は、重要視すべきイノベーションだと思います。

「小さな改善を何回も繰り返す変革」の代表的なものがムダの排除です。筆者がまとめた11種類の仕事のムダを紹介したいと思います。小さな改善のヒントにしてください。

3 コツコツと改善すべき業務のムダは、11種類もある

①やらなくていいことをやっている
・誰も読まない議事録を作っている。
・聞けば、すぐに分かることを試行錯誤して時間をムダにしている。
・最初にきちんとやらずに、手直し工数がかかっている。
・保守契約が管理されてないために、契約していない人までサポートしている。
・仕入れればよい製品まで自社で開発している。
・勉強しない人に、何度も同じことを説明している。

②その人がやらなくていいことをやっている
・アルバイトでできる仕事を高いコストの社員がやっている。
・アウトソーシングすべき仕事を自分でやっている。

図9・1 やらなくていいことをやっている

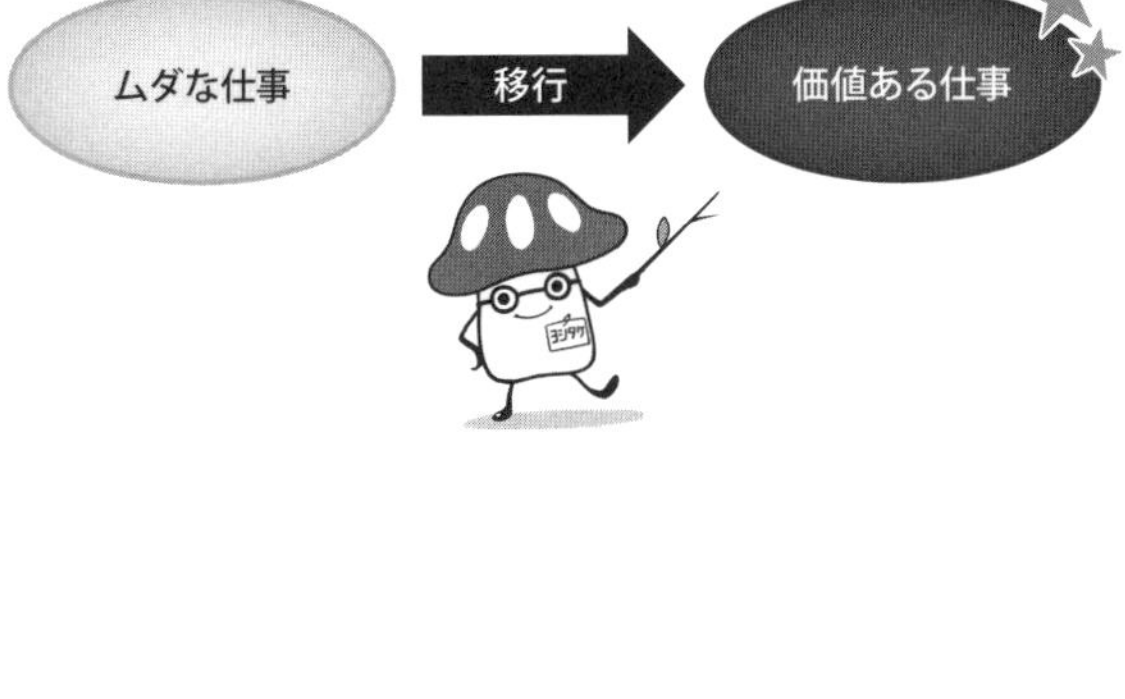

・自分に与えられたリソースを活用しきっていない。
・秘書にやってもらうべきことを経営層やマネージャーが自分でやっている。
・業務が整理できてないため、他人に任せられずに、自分で抱え込んでしまっている。

③一人分の仕事がないのに丸々一人がアサインされている

・ピーク負荷に対応した体制になっており、普段は手待ちになっている。
・ピーク対応で契約した派遣社員が次のピークまで遊んでしまっている。
・担当を専任化しすぎているために、それぞれに待機時間が発生している。
・管理職一人分の仕事がないのに、管理職のために組織が作られている。
・短時間勤務形態の派遣社員の存在を知らない。または、そこまでていねいなマネジメントをしていない。

④仕組化できていないためムダが起こっている

・仕組化しないで、同じ仕事を毎回一から組み立てている。
・ＩＴ化が進んでないために、ムダな作業が発生している。
・ナレッジマネジメントされておらず、毎回担当者が一から仕事を組み立てている。

図9・2　その人がやらなくていいことをやっている

図9・3　一人分の仕事量がないのに丸々一人がアサインされている

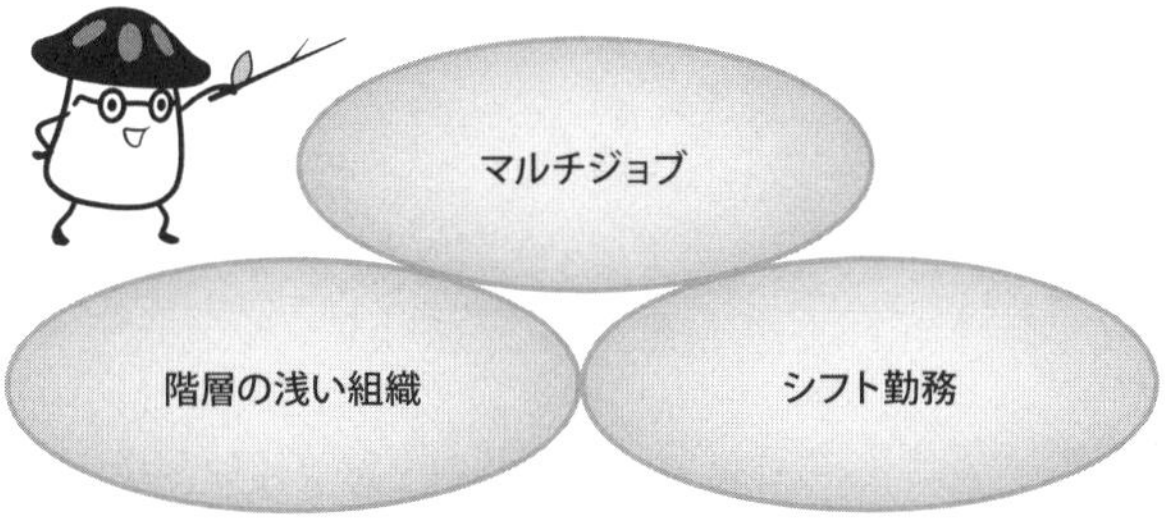

図9・4　仕組化できていないためムダが起こっている

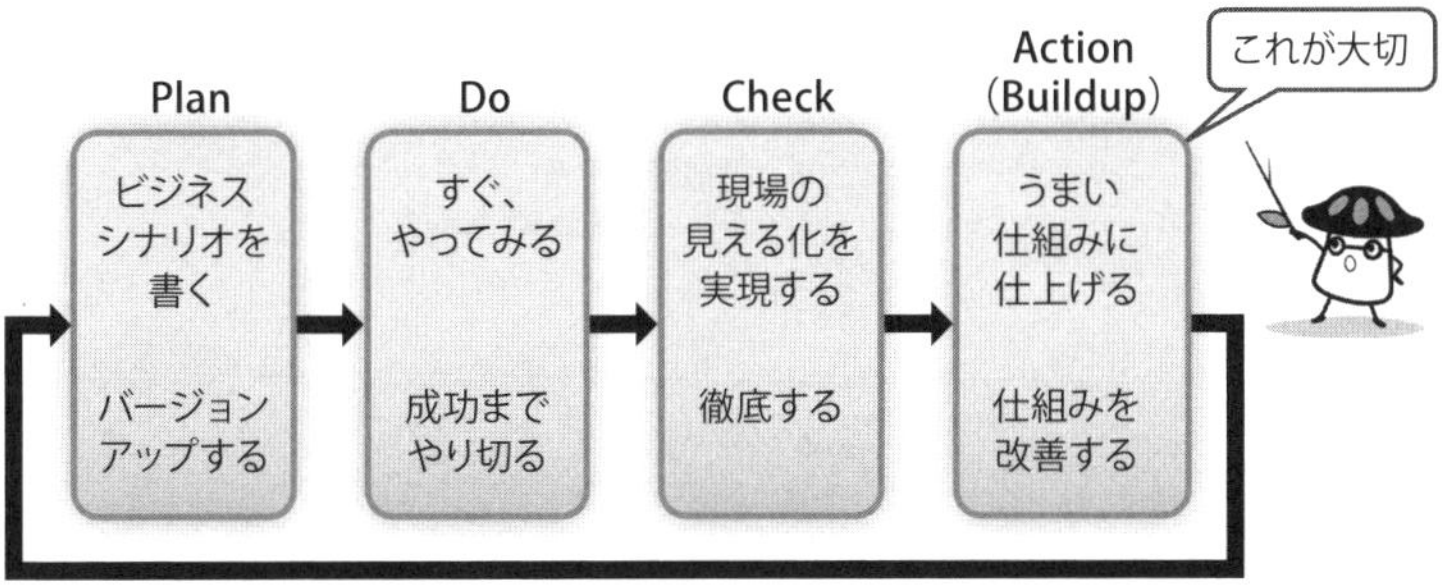

・ＦＡＱが用意できてないために、ムダな問い合わせが増えている。
・仕事の進め方が積み上げ型になってないため、ムダが起こっている。

⑤目標が明確でないためにムダが起こっている

・目標がしっかりと定義されてないために、社員がダッチロールしている。
・お客様と本音の会話ができてないために、ムダな作業が発生している。
・お客様の事前期待が把握できてないために、お客様に喜んでいただけない。
・サービスの提案や契約がアバウトなために、次々と余計な作業が発生している。
・指示があいまいなため、実行に移すまでに時間がかかる。ないしは、間違ってしまう。

図9・5　目標が明確でないためにムダが起こっている

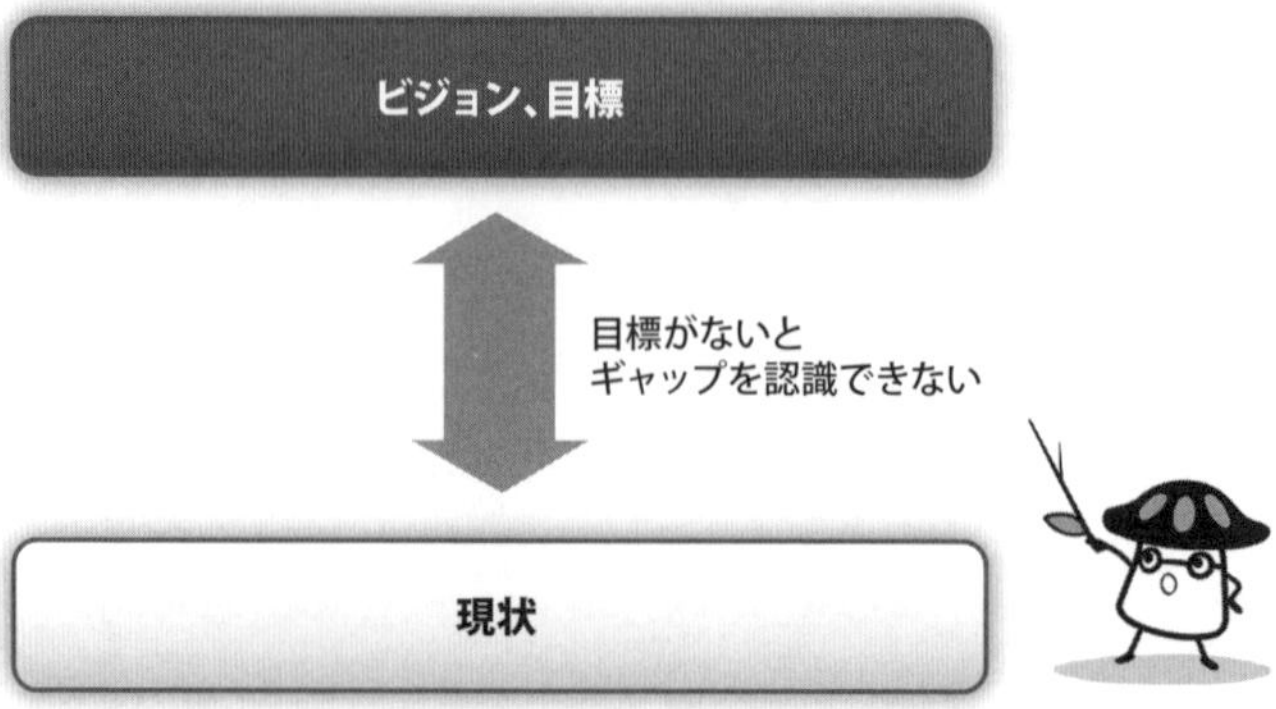

⑥優先順位を決めていないため重要業務が後回しになっている

・仕事のプライオリティを緊急度だけで決めている。
・優先順位を決めていないため、捨てるべきテーマに工数をかけている。
・短期計画しかなく、中長期でみるとジリ貧になっている。
・環境が変化しているのに、一度決めたルールをかたくなに守り続けている。

⑦課題を先送りするために後で大きなムダが発生している

・すぐに対応をしないために、後になって膨大な工数が発生してしまう。
・残業・休日出勤すればよいと思っているため

図9・6　優先順位を決めていないため重要業務が後回しになっている

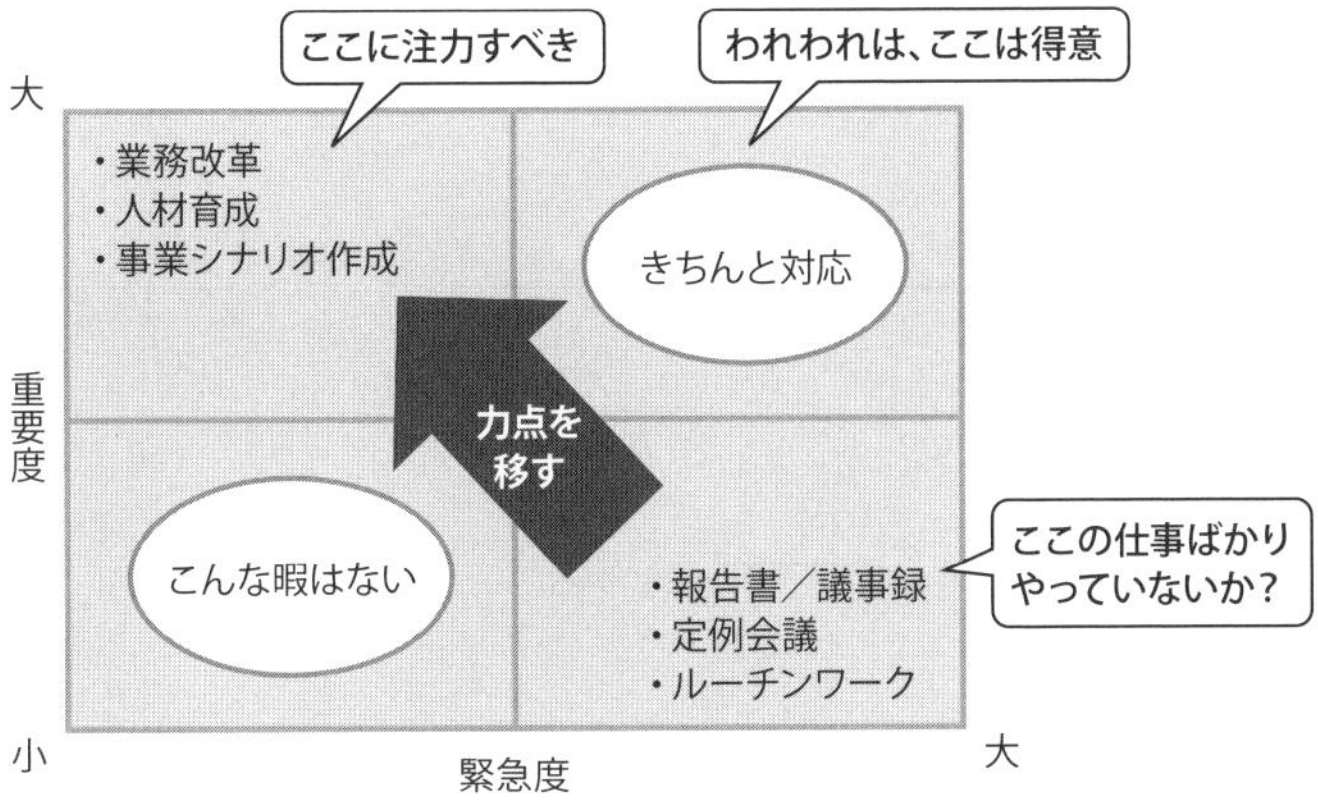

に、ムダが発生している。
・前工程に力が入っていないために、後工程で大きな手直しが起こっている。
・テスト不足で品質トラブルを起こして、お詫びや修復に時間がかかっている。
・何がどこにあるのかが整理されていないので、探すのに時間がかかる。

⑧マネジメント不在がムダを作っている

・時間が経てば状況が改善していくスタイルのマネジメントができてない。
・効率的に仕事をこなすためのスケジュール調整ができていない。
・現場が見えてないためにマネジメントできてない。
・単価の安さに目がくらんで、質の低い外注を使っている。
・もっと高くても売れる製品を自信のなさから安売りしている。

⑨部下のスキルアップができていないためムダが起こっている

・マネージャーの最大の仕事が部下育成であることを忘れている。
・部下に一定レベルのスキルを身に着けさせず、プレッシャーだけ与えている。
・教育に時間を使ってないことがムダを生んでいる。

図9・7　課題を先送りするために後で大きなムダが発生している

図9・8　マネジメント不在がムダを作っている

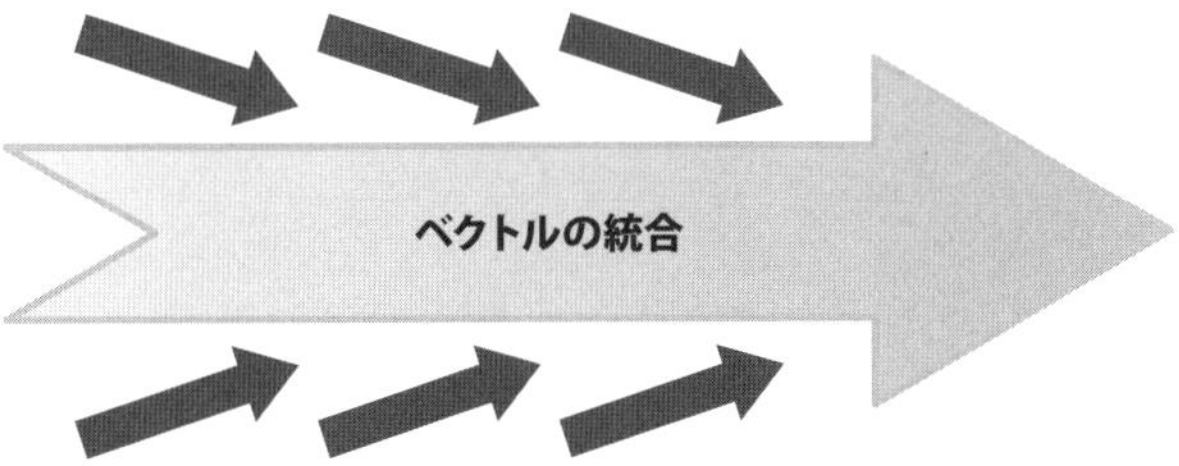

図9・9　部下のスキルアップができていないためムダが起こっている

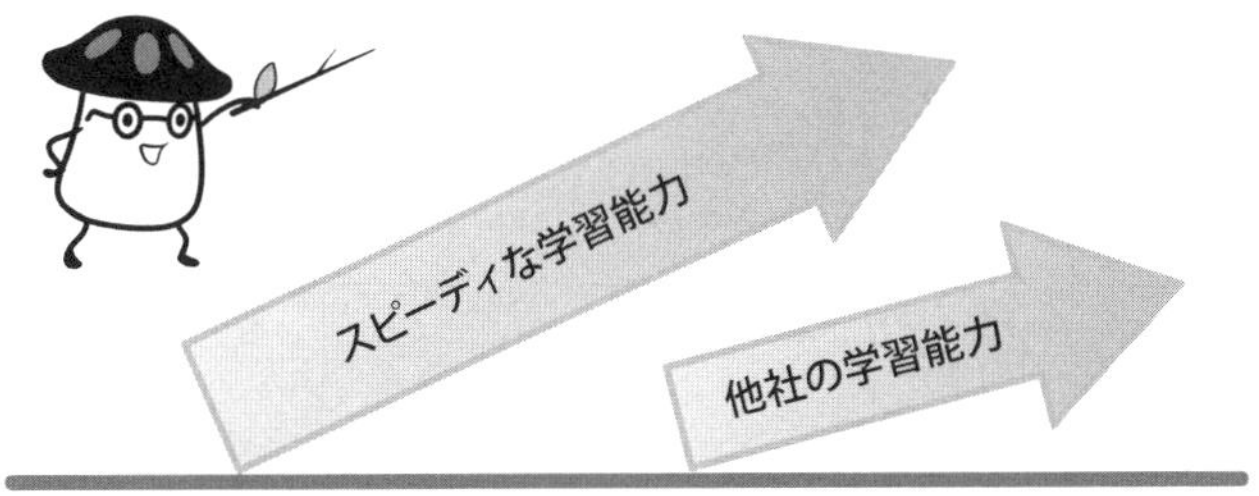

・部下のスキルアップを評価とつなげてない。
・スピーディに新しいことを学ぶ能力が最高の強みであることを忘れている。

⑩ムダを容認する企業風土になっている

・企業の体内時計が市場の要求に合わない単位(週、日など)のままになっている。
・お金の管理単位が10万円や1万円になっており、その下の単位は無視されている。
・マネージャーは、商談成約の挨拶に行くのが仕事だと思っている。
・ムダな多人数で、お客様を訪問している。
・会議のような同期型のコミュニケーションばかりやっており、メールや掲示板のような非同期コミュニケーションが活用できてない。

図9・10　ムダを容認する企業風土になっている

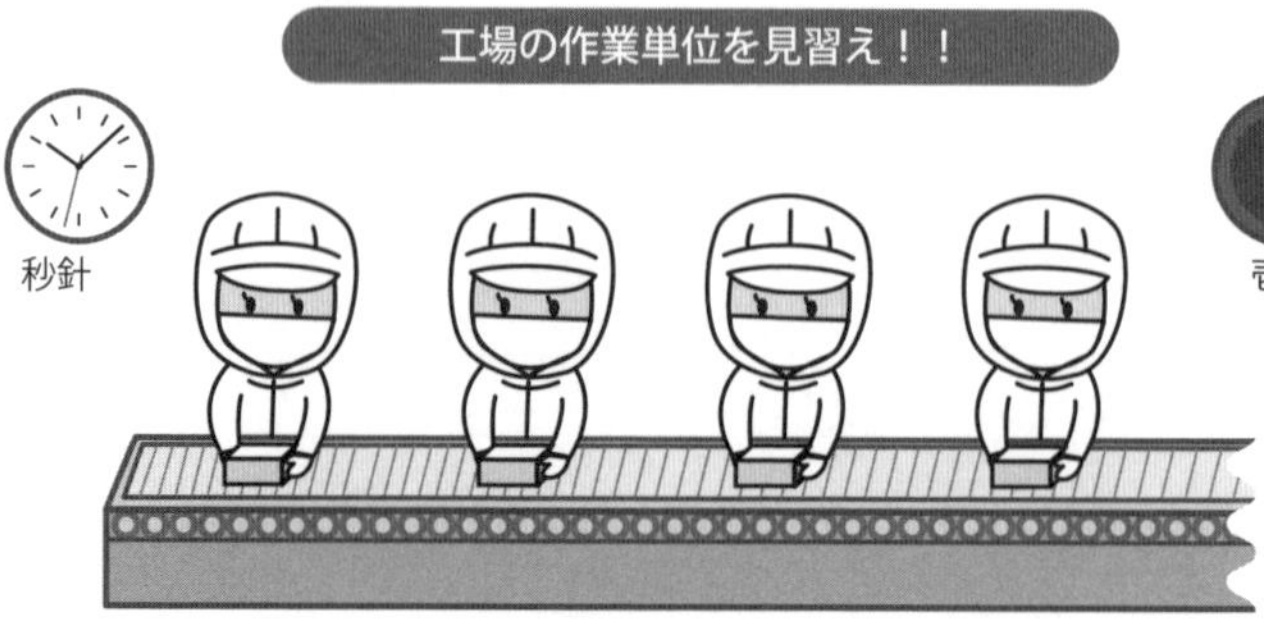
工場の作業単位を見習え！！
秒針
壱銭

⑪「保険仕事」に時間を使っている

・自分自身が会社の中で生き残るための仕事をやっている。
・上司から与えられた課題に疑問を感じているのに、それをひたすらこなしている。
・「どうせ自分一人が何を言っても始まらない」と思っている。
・悪く評価されないために、遅くまで残って仕事をしている。

ここまで、仕事のムダを考えてきました。これらを改善していくイノベーションは地味ですが、忘れてはならない努力です。

図9・11 「保険仕事」に時間を使っている

4 「サービスの価値」「顧客満足」「サービスプロセスモデル」「ビジネスモデル」「イノベーション」の関係を理解する

さて「サービスの価値」「顧客満足」「サービスプロセスモデル」「ビジネスモデル」「イノベーション」の関係は、**図9・12**のようになると思います。

サービスの価値を高めて、顧客満足を高めて、価値あるビジネスモデルを創造したとしても、その状態に安住していると必ず競合企業に追いつかれ、追い越されてしまいます。これを避けるためには、大変なことですが継続的にイノベーションし続けるしかないのです。進化論を提唱したチャールズ・ダーウィンが『この世に生き残る生き物は、もっとも力の強

図9・12 サービスビジネスを永続的に成功させるフレームワーク

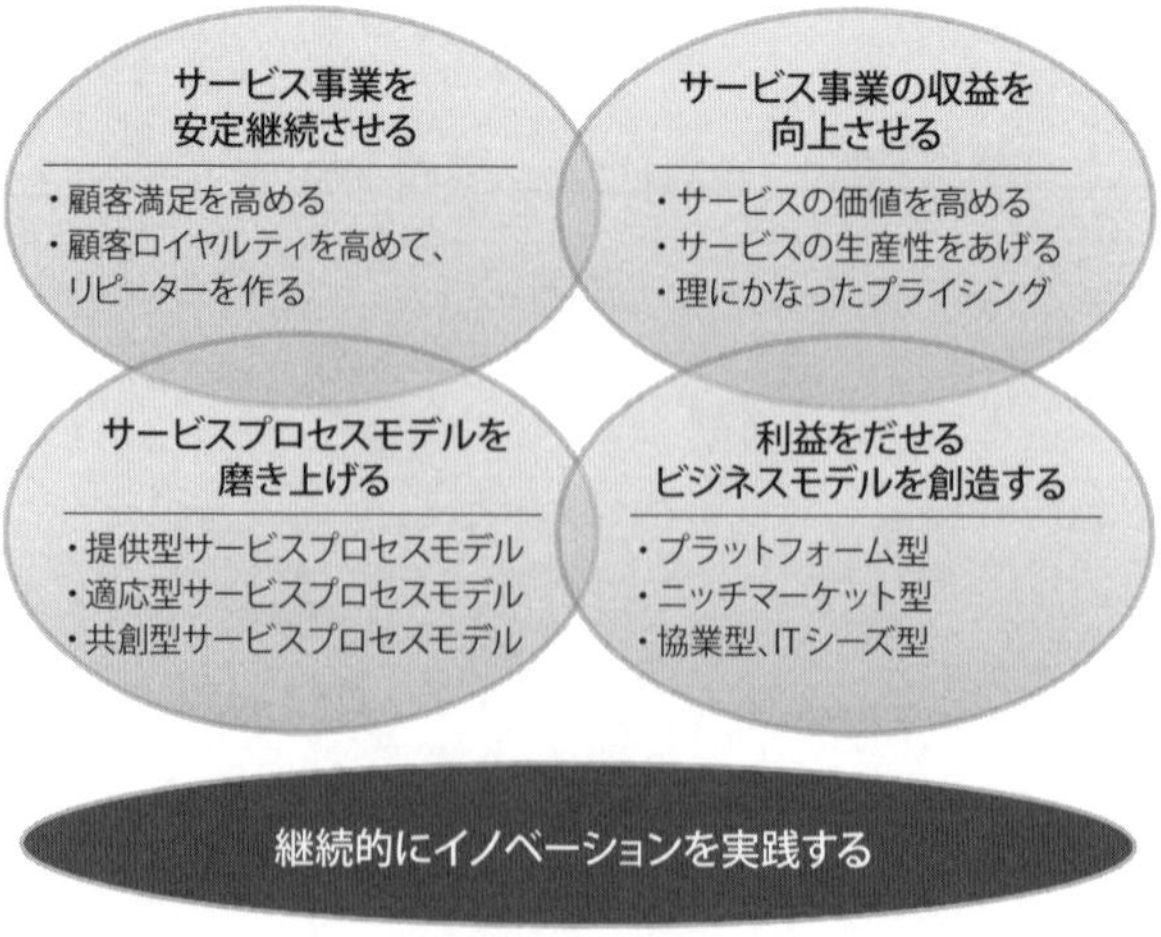

サービス事業を安定継続させる
・顧客満足を高める
・顧客ロイヤルティを高めて、リピーターを作る
サービス事業の収益を向上させる
・サービスの価値を高める
・サービスの生産性をあげる
・理にかなったプライシング
サービスプロセスモデルを磨き上げる
・提供型サービスプロセスモデル
・適応型サービスプロセスモデル
・共創型サービスプロセスモデル
利益をだせるビジネスモデルを創造する
・プラットフォーム型
・ニッチマーケット型
・協業型、ITシーズ型
継続的にイノベーションを実践する

いものか。そうではない。もっとも頭のいいものか。そうでもない。それは、変化に対応できる生き物だ』と言ったと伝わっています。永続的にビジネスを続けていくためには、永続的なイノベーションが必要だというわけです。

5 「6つのサービスの価値向上」にイノベーションドライバーを応用する

「イノベーションドライバー」は、多くの経営革新の事例を分類整理し、経営革新のエンジンとなる考え方を、ベンチャー企業の経営コンサルティングを担当しているアライヴテック社の小山孔司氏が整理したものです。小山氏は、23個のイノベーションドライバーを提唱されています。筆者は、この考え方に触発され、100個以上のイノベーションドライバーを抽出してみました。この一覧表を参考にすれば、現在のサービスのイノベーションの進め方を考えるヒントにすることができます。さらに、ビジネスモデルを考える際の有効なヒントにもなると思います。

図9・13　サービスの価値を高めるイノベーションドライバー
基本機能によって活用できるイノベーションドライバーは異なるので、ここに挙げられない
オムニチャネル化、リアルタイム化、中抜き、共同化、見える化、トラッキング

- **共通的な事前期待に対応する価値**
 標準化、集約化、マニュアルレス化、互助化、エコロジー化

- **個別的な事前期待に対応する価値**
 顧客中心の徹底、ワンツーワン化、ワンストップ化、顧客セグメント化、フルカスタム化

- **サービス提供者のリテラシー向上による価値**
 アイドル化、プロフェッショナル化、神格化、資格取得、スキルの見える化

- **顧客のリテラシー向上による価値**
 資格認定、段位認定、昇級昇段、顧客を採点、スポーツスキル、ゲームスキル、英会話スキル

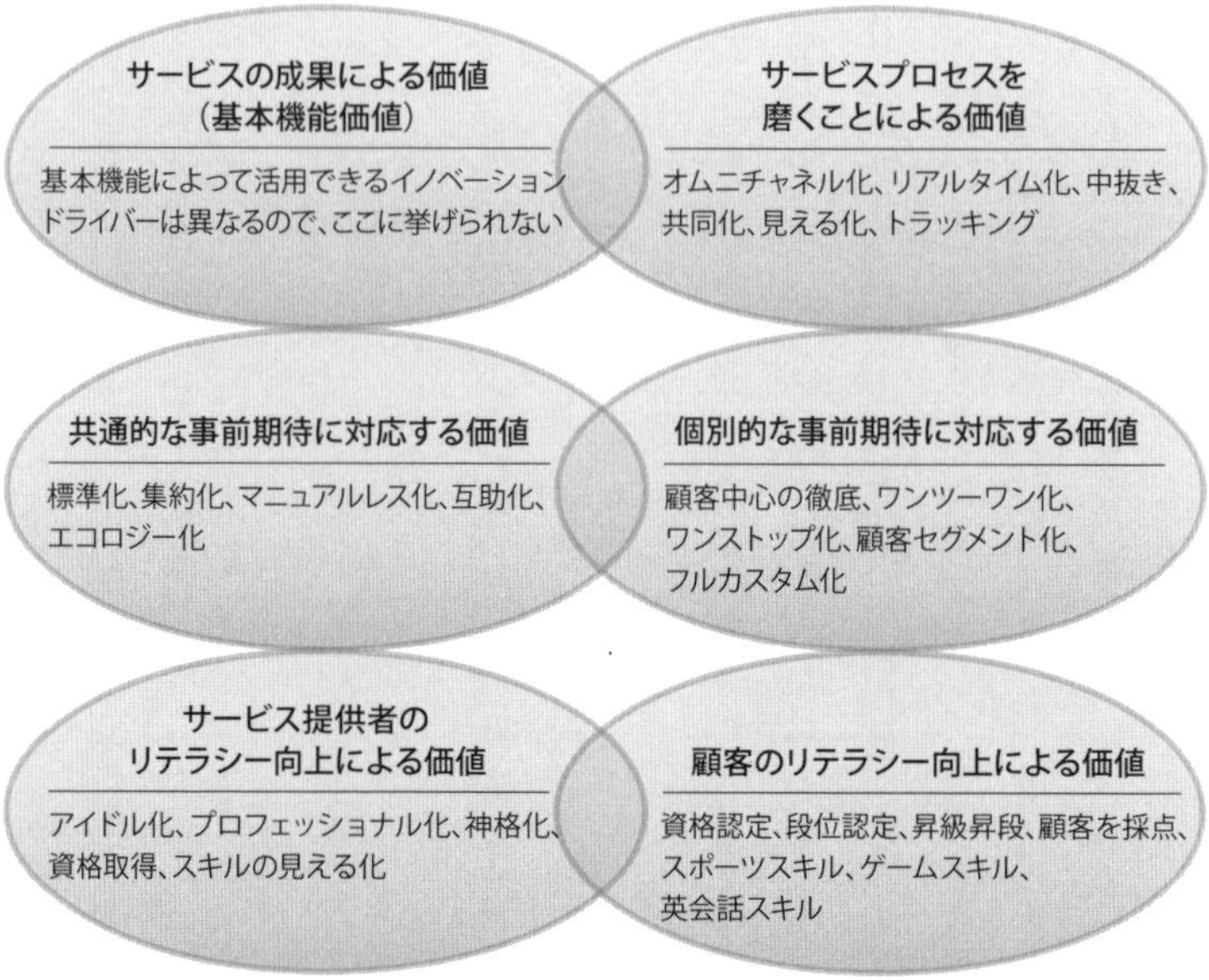

そこで、6つのサービスの価値を高めるためにイノベーションドライバーを応用できないかを考えてみました。**図9・13**の左上の基本機能価値は、サービスによって機能が異なるため、特定のイノベーションドライバーをここに挙げることはできませんでした。右上の「サービスプロセスを磨くことによる価値」を高めてくれそうなイノベーションドライバーは、通販業界などで話題になっているものです。あらゆる顧客接点や販売経路から製品やサービスが購入できる「オムニチャネル化」、

システム運用サービスなどで要求されている「リアルタイム化」、流通業界の効率化を図る「中抜き」や「共同化」、多くのサービスで必要とされている「見える化」や「トラッキング」などが見つかりました。

左中段の「共通的な事前期待に対応する価値」を高めてくれるイノベーションドライバーは、安価で大量のサービスには「標準化」や「集約化」、誰もが手軽に製品やサービスを使えるようにする「マニュアルレス化」、これからの環境に留意する「エコロジー化」などがありました。

右中段の「個別的な事前期待に対応する価値」を高めてくれそうなイノベーションドライバーは、サービスでもっとも大切な「顧客中心の徹底」、一人ひとりのお客様の期待に応える「ワンツーワン化」、お客様が困っておられることや期待しておられることにすべて応える「ワンストップ化」、お客様を事前期待で分類してお客様の期待を分かりやすくする「顧客のセグメント化」、お客様の要望にすべてお応えする姿勢の「フルカスタム化」が見つかりました。

左下の「サービス提供者のリテラシー向上による価値」を高めてくれるイノベーションドライバーは、サービス提供者のスキルや評価が高まることを自分のことのように価値を感じる「アイドル化」、コンサルタントや弁護士や会計士のようなプロフェッショナルサービスの価値を高める「プロフェッショナル化」、これらがさらに研ぎ澄まされると「神格化」されることもあります。保守サービス会社の受け付けに社員が取得した専門資格の認定証がずらっと並べられているのを見ることがあります。これは、サービス提供者のリテラシーが高まっていることをお客様に「見える化」して価値を感じてもらおうということです。ここでは「資格取得の徹底」や「スキルの見える化」が使えます。

右下の「顧客のリテラシー向上による価値」を高めてくれるイノベーションドライバーは、お客様にとって何よりもうれしい「資格取得」や「段位認定」や「昇級昇段」、最近大流行なのが採点カラオケで、テレビ番組にも頻繁にでてきます。これは信頼できる先生や仕組みであれば「顧客を採点」することが価値を生んでいるのだと思います。顧客のリテラシー向上が価値になるのは、すべてのスポーツやゲームも同じだと思います。

また、新しいサービスやビジネスモデルを構築する際に、複数個のイノベーションドライバーを活用することもあります。例えば「アイドルを育成していくネットゲームを無料化して、収益は広告収入とアイテム課金する」場合は、次のようにイノベーションドライバーを5つ使っていることになります。

「ネット化」×「アイドル化」×「フリー化」×「広告収入化」×「アイテム課金化」

胡蝶蘭を専門に育成、販売をしているA社が、とても優れたビジネスモデルで事業を成功させています。まず、バイオテクノロジーを使って、胡蝶蘭の苗を育てます。この苗を気候が合っている台湾の農家に販売します。一時期育成にもトライしたそうですが、歩留まりが悪いのでプロに任せることにしたそうです。そして、2年ほどかけて台湾で栽培し、開花する半年前にその胡蝶蘭をA社が買い取ります。そして、その胡蝶蘭を日本の農家へ販売し、お客様からA社に注文が入ると、生花店を通すことなく農家からお客様に胡蝶蘭を直送するというビジネスモデルです。胡蝶蘭は栽培時間も栽培工数もかかり原価が高く、生花店での在庫ロスも大きいため、よほど高い単価にしないと、ビジネスになりませんでした。これをリーズナブルな単価で販売できるようにしたこのビジネスモデルは、次のように4つのイノベーションドライバーを使っていることになります。

「バイオテクノロジー化」×「アウトソース化」×「在庫ゼロ化」×「中抜き」

ユニークなビジネスモデルを駆使しているビジネスをイノベーションドライバーで分解すると「ビジネスモデルの創造」や「イノベーションの実践」の知恵を付けることができると思います。

6 永いキャリアで見つけた101個の「イノベーションドライバー」を紹介する

図9・14に101個のイノベーションドライバーをまとめてみました。これを見ると、新製品や新サービスよりもプロセスのイノベーションにヒントが多いことが分かります。このことからすると、サービスプロセスに変革のネタがありそうです。

198ページ以降に、101個のイノベーションドライバーをリストアップしました。これを参考にすると「サービスの改善」や「サービスの価値向上」や「ビジネスモデルの創造」のヒントになると思います。ぜひ、このリストをそれぞれのチェックリストに使ってみてください。

図9・14　イノベーションドライバー

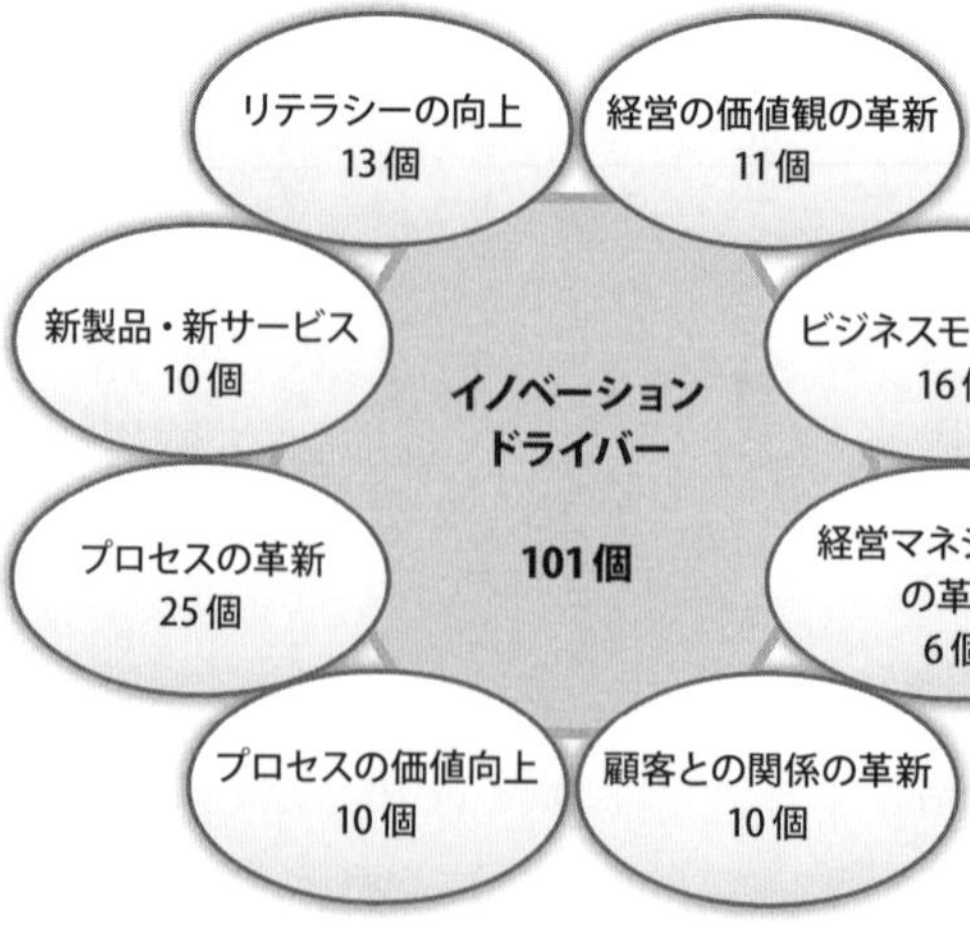

この101個のイノベーションドライバーは、まだまだ増えると思います。いろいろなサービスに取り組んでいるメンバーで情報共有できる仕組みができると、イノベーションドライバーは一気に進化すると思います。

番号	イノベーションドライバー	説明	分類
1	CS向上の徹底	徹底的に顧客満足を向上する	経営の価値観の革新
2	ES向上の徹底	徹底的に従業員満足を向上する	経営の価値観の革新
3	顧客ロイヤルティの徹底	顧客ロイヤルティを高める	経営の価値観の革新
4	コンプライアンスの徹底	順法精神を徹底する	経営の価値観の革新
5	従業員ロイヤルティの徹底	従業員ロイヤルティを向上する	経営の価値観の革新
6	ブランド向上の徹底	ブランド力を高める	経営の価値観の革新
7	利益中心主義の徹底	売り上げでなく利益を追求する	経営の価値観の革新
8	リスクヘッジの徹底	予想されるリスクに備える	経営の価値観の革新
9	CX向上の徹底	カスタマー・エクスペリエンスの徹底	経営の価値観の革新
10	グローバル化	グローバルにビジネスを展開する	経営の価値観の革新
11	ローカライズ化	ローカルな価値観に適合する	経営の価値観の革新
12	EMS化	受託生産に特化する	ビジネスモデルの素
13	シェアリング化	車などを共有化する	ビジネスモデルの素
14	固定費の経費化	固定費の経費化を売り物にする	ビジネスモデルの素
15	サービス化	製品を売らずに利用料を取る	ビジネスモデルの素
16	サンセットビジネス支援	撤退するビジネスを支援する	ビジネスモデルの素
17	ストックビジネス化	ストックビジネスの比重を増やす	ビジネスモデルの素
18	相互保険化	リスクを仲間で分散する	ビジネスモデルの素

19	フルカスタム化	お客様のニーズにフルに応える	ビジネスモデルの素
20	ニッチ狙い	ニッチマーケットを開拓する	ビジネスモデルの素
21	フランチャイズ化	フランチャイズ方式を採用する	ビジネスモデルの素
22	フリー化	無料化することで顧客をつかむ	ビジネスモデルの素
23	レンタル化	レンタルで収益を上げる	ビジネスモデルの素
24	アイテム課金化	ゲームのアイテムで利益を出す	ビジネスモデルの素
25	広告収入化	広告収入で利益を追求する	ビジネスモデルの素
26	命名権化	命名権を販売する	ビジネスモデルの素
27	プラットフォーム化	プラットフォームビジネスモデル	ビジネスモデルの素
28	選択と集中の徹底	事業を得意分野に絞り込む	マネジメントの革新
29	出来高制の徹底	出来高で評価する	マネジメントの革新
30	フレックスタイム化	出勤時間を自由にする	マネジメントの革新
31	ボトムアップの徹底	ボトムアップで経営する	マネジメントの革新
32	ミドルアップの徹底	ミドルアップで経営する	マネジメントの革新
33	リストラ支援	リストラを支援する	マネジメントの革新
34	会員制の活用	会員とともにサービスを向上する	顧客との関係の革新
35	囲い込みの徹底	ポイントカードなど	顧客との関係の革新
36	顧客起点の徹底	顧客中心を徹底する	顧客との関係の革新
37	顧客のセグメント化	顧客を分類し絞り込む	顧客との関係の革新
38	サービスの適応化	顧客の事前期待に適応する	顧客との関係の革新

39	プリペイド化	料金を先に支払ってもらう	顧客との関係の革新
40	ポストペイド化	料金の支払いをあとにする	顧客との関係の革新
41	ライフタイム支援	顧客を生涯にわたって支援する	顧客との関係の革新
42	ワンストップ化	一カ所ですべてをサポートする	顧客との関係の革新
43	ワンツーワン化	一人ひとりに合わせる	顧客との関係の革新
44	共創化	顧客と共に創る	プロセスの価値向上
45	高速化	スピードを売りものにする	プロセスの価値向上
46	効率化	業務の効率を向上させる	プロセスの価値向上
47	先送りの徹底	中間品まで作っておく	プロセスの価値向上
48	先回りの徹底	問題に先回りする	プロセスの価値向上
49	ジャストインタイム化	指定された時刻通りに対応する	プロセスの価値向上
50	事前期待のマネジメント	事前期待をマネジメントする	プロセスの価値向上
51	透明化	ビジネスの透明化を強める	プロセスの価値向上
52	待ちのマネジメント	待ち時間をマネジメントする	プロセスの価値向上
53	リアルタイム化	サービスをリアルタイムに提供	プロセスの価値向上
54	移管の徹底	業務を徹底的に移管する	プロセスの革新
55	アウトソーシング	業務を外部に委託する	プロセスの革新
56	中抜き化	物流を中抜きする	プロセスの革新
57	共同化	物流を共同化して効率をあげる	プロセスの革新
58	協働化	コラボレーションを実践する	プロセスの革新

59	共有化	設備などのリソースを共有する	プロセスの革新
60	自前化	委託業務を取り込む	プロセスの革新
61	集中化	ビジネスプロセスを集中させる	プロセスの革新
62	集約化	調達先を絞り込む	プロセスの革新
63	無人化	自動車やドローンによる無人化	プロセスの革新
64	相互供給化	供給体制を自由に変える	プロセスの革新
65	フレキシビリティ化	業務の柔軟性を売り物にする	プロセスの革新
66	同期化	関連プロセスを同期化する	プロセスの革新
67	統合化	社外のビジネスを組み込む	プロセスの革新
68	ネット化	ネット上でビジネスを展開する	プロセスの革新
69	プラットフォーム化	仲介する場を提供する	プロセスの革新
70	マルチコンタクト化	営業・Web・コールセンターを統合	プロセスの革新
71	連結化	ビジネスプロセスをつなぐ	プロセスの革新
72	追跡の徹底	トラッキングできるようにする	プロセスの革新
73	ビッグデータ活用	ビッグデータを活用する	プロセスの革新
74	見える化	見える化する	プロセスの革新
75	オムニチャネル化	顧客接点をマルチ化する	プロセスの革新
76	在庫ゼロ化	在庫を持たないで運営する	プロセスの革新
77	時差の活用	国や地域の時差を活用する	プロセスの革新
78	IT化	サービスプロセスをIT化する	プロセスの革新

79	アート化	サービスをアートに高める	新製品・新サービス
80	エコロジー化	環境にやさしいビジネスにする	新製品・新サービス
81	緊急配送化	モノなどを緊急配送する	新製品・新サービス
82	組み合わせの徹底	サービスや製品を組み合わせる	新製品・新サービス
83	最安値化	どこよりも安くする	新製品・新サービス
84	代替化	ものやサービスを代替する	新製品・新サービス
85	標準化	標準化で効率化とコストダウン	新製品・新サービス
86	品質向上の徹底	品質を向上する	新製品・新サービス
87	問題解決の徹底	問題を解決する	新製品・新サービス
88	AIの活用	AIをビジネスに活用する	新製品・新サービス
89	家元制度の活用	世襲の権限で弟子を教育する	リテラシーの向上
90	顧客教育の徹底	顧客を教育する	リテラシーの向上
91	顧客参加の活用	顧客をOJTする	リテラシーの向上
92	資格認定の活用	顧客に資格を与える	リテラシーの向上
93	段位認定の活用	顧客に段位を与える	リテラシーの向上
94	アイドル化	アイドルを育てる	リテラシーの向上
95	顧客採点の活用	顧客を採点する（採点カラオケ）	リテラシーの向上
96	権限委譲化	部下に権限を委譲する	リテラシーの向上
97	コーチングの活用	スタッフを成長させる	リテラシーの向上
98	資格取得の徹底	価値ある資格を取る	リテラシーの向上
99	シルバー人材の活用	専門スキルを活用する	リテラシーの向上
100	多技能化	マルチスキルを実現する	リテラシーの向上
101	多能工化	マルチタスクを実現する	リテラシーの向上

ヨシタケ

あとがき

拙い文章に最後までお付き合いいいただき、ありがとうございました。ここまで読んでいただいただけで、本当にうれしく思います。

２００９年1月に「顧客はサービスを買っている」（ダイヤモンド社）を上梓して7年以上が経ちました。この間「サービスの本質に少しでも迫りたい」「実際のサービスビジネスに役立つ知見を見出したい」と思いながら、多くの方に教えていただき、多くの方とフランクに議論し、多くの企業のサービス改革に携わらせていただきました。前著でもサービスの価値を高めることが大切であると説いてはいますが、本質的な議論はできていませんでした。

この「サービスの価値を高める」という難しいテーマに本格的にトライすることになったのは、情報処理学会が毎年開催しているソフトウエアジャパンにおいて、筆者がお世話役で10年間つづけているサービスサイエンスフォーラムのパネルディスカッションでした。参加者から『来年は「サービスの価値」と「サービスの価格付け」について発表してほしい』という要望があったのがきっかけになりました。２０１５年のサービスサイエンスフォーラムは、怖いもの知らずで「サービスの価値は４つの要素が決めている」のテーマで講演しました。４つと言い切りましたが、その後の研究で「顧客とサービス提供者のリテラシー向上の価値」が付け加わり6つの価値になりました。

筆者は、サービス関連の経営コンサルティングを生業にしています。実ビジネスの世界では「その論理は真実かどうか」よりも「その論理は本当にビジネスに役立つか」が重んじられます。本書に書いた内容は、研究としては未熟かもしれませんが、ビジネスでは実際に適用され成果を出しているものが数多く入っています。サービスサイエンスは、まだ歩み始めて少ししか時間が経っていないので、真実を追求する研究はもちろん大切ですが、サービスビジネスを実践している人々に役立つ研究も大切だと思っています。

これからも、コンサルティングサービスを実践し続け、サービスビジネスに熱中している若者といっしょにサービスのあるべき姿を追求していきたいと思います。本書が、サービスビジネスを頑張り、サービスビジネスの難しさと闘っている皆様に少しでもお役に立つことができましたら望外の喜びです。

最後に、本書を書くきっかけを与えていただいたリックテレコム社の中村 功取締役と、いつも優しく拙い原稿に向き合っていただいた編集者の嶋崎有希子さんと、忙しい中、原稿の推敲を支援していただいたサービスサイエンス研究仲間の皆さんと、原稿を読み鋭く指摘してくれた妻の「いほり」に感謝したいと思います。本当にありがとうございました。

参考文献

1．「顧客はサービスを買っている」諏訪良武著（ダイヤモンド社）
2．「サービスサイエンスによる顧客共創型ＩＴビジネス」諏訪良武他著（翔泳社）
3．「サービス価値共創の概念的フレームワークの進化過程」
村上輝康（サービス学会第４回国内大会、神戸大学）論文集、２０１６．３
4．「サービス・マーケティング原理」クリストファー・ラブロック他著（白桃書房）
5．「Business Model Generation」
アレックス・オスターワルダー他著　小山龍介訳（翔泳社）
6．「ＪＩＩＰ２（日本産業の改革を考える）２０１２年度報告書」
（一般社団法人 日本情報システム・ユーザー協会編）

著者プロフィール

ワクコンサルティング 取締役エグゼクティブコンサルタント
諏訪 良武 *Yoshitake Suwa*

1947年京都市生まれ。71年京都工芸繊維大学大学院修了。71年オムロン株式会社(当時の立石電機)入社。85年通産省(当時)シグマプロジェクトに出向、ソフトウエア危機を回避する250億円の大型プロジェクトの第一研究室室長に就任。95年オムロングループ全体の情報化戦略をつくる情報化推進センター長として、オムロングループ全社のコミュニケーションインフラを構築。97年オムロンフィールドエンジニアリングの常務取締役としてサービス会社の改革を実践し、2004年企業情報化協会からIT総合賞を受賞。04年リックテレコム社主催の第1回コンタクトセンター・アワードのマネジメント部門金賞を受賞。06年よりワクコンサルティング株式会社 常務執行役員エグゼクティブコンサルタント。国際大学グローバルコミュニケーションセンターの上席客員研究員、多摩大学大学院客員教授、科学技術振興機構・社会技術開発研究センターのアドバイザーを務める。これまで伝承と直感と気合で運用され、カタチとして見えなかったサービスや顧客満足を見える化し、科学的に分析し、日本企業が課題とするサービス分野の競争力アップに必要な方法論を提唱している。

著書

『顧客はサービスを買っている
—顧客満足向上の鍵を握る事前期待のマネジメント』
ダイヤモンド社

『たった2つの質問だけ!いちばんシンプルな問題解決の方法
—「タテの質問」で掘り下げ、「ヨコの質問」で全体像をあぶり出す』
ダイヤモンド社

『サービスサイエンスによる顧客共創型ITビジネス』
翔泳社

サービスの価値を高めて豊かになる
豊かさを実現する6つの価値

2016年11月24日　第1版第1刷発行

著　　者　諏訪良武
発 行 者　土岡正純
発 行 所　株式会社リックテレコム
〒113-0034 東京都文京区湯島3-7-7
TEL　03-3834-8380（営業）
　　　03-3834-8104（編集）
URL　http://www.ric.co.jp

カバーデザイン　ビヘイビアデザイン
藤重 真一
キャラクターデザイン　諏訪まりも
D T P　株式会社リッククリエイト
印刷・製本　壮光舎印刷株式会社
編　　集　嶋﨑有希子

ISBN：978-4-86594-064-0